Hering / Maier
Deuten und streiten, suchen und finden

WERKHEFTE DES LANDESARCHIVS
BADEN-WÜRTTEMBERG

Herausgegeben
vom Landesarchiv Baden-Württemberg

Heft 29

2023

Jan Thorbecke Verlag Stuttgart

Deuten und streiten, suchen und finden

Neue Möglichkeiten der Kooperation zwischen Archiven und Geschichtswissenschaft beim Aufbau digitaler Infrastrukturen

Herausgegeben von Rainer Hering und Gerald Maier

2023

Jan Thorbecke Verlag Stuttgart

VERLAGSGRUPPE PATMOS

PATMOS
ESCHBACH
GRÜNEWALD
THORBECKE
SCHWABEN
VER SACRUM

Die Verlagsgruppe
mit Sinn für das Leben

Die Verlagsgruppe Patmos ist sich ihrer Verantwortung gegenüber unserer Umwelt bewusst. Wir folgen dem Prinzip der Nachhaltigkeit und streben den Einklang von wirtschaftlicher Entwicklung, sozialer Sicherheit und Erhaltung unserer natürlichen Lebensgrundlagen an. Näheres zur Nachhaltigkeits-Strategie der Verlagsgruppe Patmos auf unserer Website www.verlagsgruppe-patmos.de/nachhaltig-gut-leben

Bibliografische Information der Deutschen Nationalbibliothek
Die Deutsche Nationalbibliothek verzeichnet diese Publikation in der Deutschen Nationalbibliografie; detaillierte bibliografische Daten sind im Internet über http://dnb.d-nb.de abrufbar.

Alle Rechte vorbehalten
© 2023 Jan Thorbecke Verlag und Landesarchiv Baden-Württemberg
Verlagsgruppe Patmos in der Schwabenverlag AG, Ostfildern
www.thorbecke.de

Lektorat: Lydia Christine Michel und Maren Volk, Landesarchiv Baden-Württemberg
Umschlaglayout: Bureau Johannes Erler, Hamburg
Satz: Offizin Scheufele Druck & Medien GmbH & Co. KG, Stuttgart
Druck: CPI books GmbH, Leck
Hergestellt in Deutschland
ISBN 978-3-7995-2037-9

Inhalt

Rainer Hering und Gerald Maier
Einleitung 7

Peter Haslinger
Quo vadis Quellenkritik? Der digitale Wandel und neue Synergien
zwischen historischer Forschung und Gedächtnisinstitutionen 11

Daniel Fähle und Harald Sack
Ein „digitaler Werkzeugkasten" für historische Forschung mit Archivgut.
Status quo und Perspektiven 29

Mirjam Sprau und Tobias Herrmann
Themenportal „Wiedergutmachung nationalsozialistischen Unrechts" –
neue Kooperationsmöglichkeiten und archivische Herausforderungen 47

Clemens Rehm
Die „Transformation der Wiedergutmachung" und die Archive. Neue Perspektiven 59

Thekla Kluttig
Aufbau digitaler Infrastrukturen durch die Bürgerforschung:
Perspektiven für Geschichtswissenschaft und Archive 71

Elisabeth Klindworth und Jennifer Meyer
Tagungsbericht für H-Soz-Kult 79

Autorinnen und Autoren 83

Einleitung

Von Rainer Hering und Gerald Maier

Das Deuten und Streiten setzt, wenn es vernünftig zugeht, das Suchen und Finden voraus. Archive und Geschichtsforschung haben gemeinsam, dass sie mit Deutungskämpfen der Vergangenheit konfrontiert sind und dass sich zeitgenössische Auseinandersetzungen um Geschichtsbilder auf ihre Arbeit stark auswirken. Dabei sind die Archive ein Ort, der für die Recherche unentbehrlich ist. Sie tragen wesentlich dazu bei, dass das *Vetorecht der Quellen* im Blick behalten wird. Sie sind eine Instanz, dank derer die Deutungskämpfe um Geschichtsbilder in gewissen Grenzen ein vernünftiges Korrektiv finden können. Es steht wohl außer Frage, dass die Archive in diesen Auseinandersetzungen zunächst einmal zur Neutralität verpflichtet sind. Ein verständiger Umgang mit der Vergangenheit verlangt, dass der Konflikt der Interpretationen nicht als ein purer Machtkampf ausgetragen wird, sondern zu einer Debatte führt, in der die Quellen beachtet werden. Archive und Geschichtswissenschaft tragen zu dieser Rationalität bei.

Durch den Aufbau digitaler Dateninfrastrukturen, wie er heute auf der Agenda steht, ergeben sich neue Möglichkeiten – für das Suchen und Finden wie für das Deuten und Streiten. Innovative informationstechnische Lösungen sollten in Kooperation zwischen Archiven und Geschichtswissenschaft aktiv und problembewusst gestaltet werden. Im Folgenden werden einzelne Projekte auf diesem Gebiet exemplarisch vorgestellt, aber auch die Chancen und Schwierigkeiten, die sich auftun, grundsätzlich diskutiert.

Dieser Band basiert auf der gleichnamigen Sektion auf dem 53. Deutschen Historikertag in München, die pandemiebedingt virtuell stattfand. Er steht in der Tradition einer gemeinsamen Sektion der Archive und der Geschichtsforschung auf dem Deutschen Historikertag, die das Landesarchiv Baden-Württemberg und das Landesarchiv Schleswig-Holstein seit 2010 gemeinsam veranstalten und deren Ergebnisse publizieren. Dieses besondere Forum ist eine wertvolle Gelegenheit des Austauschs und der näheren Beleuchtung der Chancen und Herausforderungen, die die Zusammenarbeit bietet.

Geschichtswissenschaft und Archive gehören eng zusammen. Ohne die reichhaltige schriftliche Überlieferung in Archiven ist eine auf historischen Quellen basierte Forschung nicht möglich. Daher sind Archive als fest etablierte Gedächtnisinstitutionen und Forschungsinfrastruktureinrichtungen unverzichtbare Akteure in der historisch arbeitenden und vor allem der geschichtswissenschaftlichen Forschungslandschaft. Sie sind damit ein integrales Element der übergreifenden Forschungsinfrastruktur der Bundesrepublik.

Archive als unverzichtbare Akteure der Forschungsinfrastruktur der Bundesrepublik engagieren sich daher aktiv beim Aufbau der Nationalen Forschungsdateninfrastruktur (NFDI). Insbesondere widmen sich die Archive im Konsortium NFDI4Memory der Frage, wie Forschungsdaten über die verschiedenen Disziplinen der Kulturinstitutionen (Archive, Museen,

Bibliotheken u. a.) hinweg vernetzt und übergreifend auswertbar gemacht werden können. Neue Lösungen für eine innovative Infrastruktur sollten von Archivarinnen und Archivaren, Historikerinnen und Historikern sowie Bürgerforscherinnen und Bürgerforschern gemeinsam und problembewusst gestaltet werden.

Die Einrichtung digitaler Infrastrukturen schafft neue Möglichkeiten sowohl für das Suchen und Finden als auch für das Deuten und Streiten. Konflikte bei Interpretationen sollten dabei nicht als Machtkämpfe ausgetragen werden, sondern die historischen Quellen, gerade in den Archiven, als Nachweise in den Fokus nehmen. Archive und Geschichtswissenschaft können gemeinsam zu einer angemessenen Rationalität des Diskurses beitragen.

Im ersten Beitrag geht Peter Haslinger der Frage nach, wie im Überschneidungsbereich zwischen historisch arbeitenden Wissenschaften auf der einen und Archiven sowie historischen Sammlungen auf der anderen Seite digitale Angebote verknüpft und zu kollaborativen Angeboten weiterentwickelt werden können. Ihm geht es um Strategien, historische digitale Angebote im Rahmen größerer interdisziplinärer Zusammenhänge, wie etwa der Nationalen Forschungsdateninfrastruktur, optimal zu positionieren. An Beispielen erläutert er, wie das Zusammenspiel zwischen Infrastruktureinrichtungen, Universitäten und kleineren Institutionen spartenübergreifend und nachhaltig ausgestaltet werden kann.

Daniel Fähle und Harald Sack plädieren für einen *digitalen Werkzeugkasten* der der historischen Forschung im Umgang mit Archivgut behilflich ist. Archive stellen bereits ein breites inhaltliches Angebot an interdisziplinär relevanten Forschungsdaten in Form von digitalisierten und originär digitalen Quellen samt zugehöriger Erschließungsinformationen zur Verfügung. Besondere Bedeutung hat hierbei das Archivportal-D, das als zentrales Nachweissystem viele Millionen Datensätze aus fast 200 Archiveinrichtungen zugänglich macht. Doch gehen die Anforderungen an zeitgemäße (Forschungs-)Informationsinfrastrukturen weit über die bloße Zugänglichmachung hinaus: Benötigt werden Dienste und Werkzeuge, die eine Analyse, Anreicherung und Auswertung von *Archiv-Big-Data* ermöglichen. Neben der Entwicklung von neuen Services müssen aber auch vorhandene Angebote ausgebaut werden, etwa mit Blick auf die Implementierung interoperabler Schnittstellen, z. B. IIIF, als Grundlage für innovative Nutzungsmöglichkeiten von Archivdaten. Voraussetzung für Einsatz und Erfolg der neuen Angebote und Dienste sind ausreichende Kompetenzen auf der Anwenderseite (Data Literacy). Daher ist es parallel zu den technologischen (Weiter-)Entwicklungen notwendig, diese seitens der Archive an die historische Fachcommunity in geeigneter Form zu vermitteln. Der Beitrag bietet einen strukturierten Überblick über das Spektrum an bereits verfügbaren und geplanten Werkzeugen und Diensten im Archivkontext. Anhand von konkreten Praxisbeispielen wird illustriert, wie ein *digitaler Werkzeugkasten* künftig aussehen könnte.

Mirjam Sprau, Clemens Rehm und Tobias Herrmann präsentieren das Themencluster „*Wiedergutmachung" und Archivportal-D*. Die Zahl der Entschädigungsberechtigten im Rahmen der bundesdeutschen *Wiedergutmachung* für erlittenes NS-Unrecht wird in den nächsten Jahren weiter zurückgehen. Das hat das Bundesministerium der Finanzen veranlasst, bei diesem Themenkomplex künftig auch die Erinnerungskultur in den Fokus zu nehmen und dabei mit Archiven und der Forschung zu kooperieren. Das Vorhaben fügt sich ein in den größeren Kontext der aktuellen Debatten um *Transitional Justice* im Allgemeinen und die Erfolge und Schattenseiten des Übergangs von der Diktatur zur Demokratie in Deutschland nach 1945 im Besonderen. Es soll dabei ein zentraler Zugang zu den archivierten Quellen zum Thema Wiedergutmachung geschaffen und deren wissenschaftliche Auswertung gefördert werden.

Das Archivportal-D hat sich als spartenspezifischer Zugang innerhalb der Deutschen Digitalen Bibliothek und als zentraler Einstieg zu Informationen über Archive und Archivgut etabliert. Das Angebot wird laufend ausgebaut und soll noch genauer auf die Bedürfnisse der Benutzerinnen und Benutzer zugeschnitten werden. Im Aufsatz wird zunächst ein Überblick über *Wiedergutmachung* als Gegenstand der historischen Forschung, über Dimensionen und Charakter der wesentlichen archivischen Quellen und über die Möglichkeiten und (rechtlichen) Grenzen des Zugangs zu diesen Quellen gegeben. In einem zweiten Schritt werden die Ergebnisse und Erfahrungen aus dem DFG-Projekt zur Implementierung sachthematischer Zugänge im Archivportal-D am Beispiel der Weimarer Republik (Förderung 2018–2020) kritisch bilanziert, bevor die für das *Wiedergutmachungs-Projekt* beabsichtigten Erweiterungen und neuen Angebote vorgestellt werden.

Abschließend lenkt Thekla Kluttig den Blick auf den Aufbau digitaler Infrastrukturen durch die Bürgerforschung als Perspektive für Geschichtswissenschaft und Archive.

Bürgerforschung ist in der Geschichtswissenschaft nichts Neues – davon zeugen regionale Geschichtsvereine schon seit rund zweihundert Jahren. Während zwischen Geschichtswissenschaft und Geschichtsvereinen vielfältige Beziehungen bestehen, ist dies zwischen Geschichtswissenschaft und genealogischer (Laien-)Forschung kaum der Fall. Der Aufbau digitaler Infrastrukturen durch die organisierte Genealogie blieb daher weitgehend unbeachtet. Archive haben seit einigen Jahren erkannt, welches Potential in einer Zusammenarbeit mit genealogischen Vereinen liegt. So eröffnen sich neue Möglichkeiten der Kooperation zu gegenseitigem Nutzen auch mit der Geschichtswissenschaft. Als Beispiel wird ein Projekt zu biographischen Daten der Leipziger Bevölkerung im 16. bis 19. Jahrhundert vorgestellt.

Den Abschluss bildet der Tagungsbericht von Elisabeth Klindworth und Jennifer Meyer, der nicht nur die Beiträge zusammenfasst, sondern auch auf die Diskussion in der Veranstaltung eingeht. Deutlich wird, wie wichtig eine enge Zusammenarbeit zwischen Archiv- und Geschichtswissenschaft, zwischen Archiven und Hochschulen, zwischen archivischen und historischen Organisationen ist, gerade im Bereich der Standardisierung. In hohem Maße wünschenswert ist ein Dialog über die Frage nach der Authentizität von historischen Quellen. Auch dazu soll dieser Band anregen.

Quo vadis Quellenkritik? Der digitale Wandel und neue Synergien zwischen historischer Forschung und Gedächtnisinstitutionen[1]

Von Peter Haslinger

Mit dem Internet hat eine neue Kulturtechnik der Wissensrepräsentation in nahezu alle Bereiche der Gesellschaft Einzug gehalten.[2] Auch in den Geschichtswissenschaften ist das Digitale inzwischen zum *game changer* avanciert. Selbst wenn dieser Prozess bisher erstaunlich geräuschlos verlaufen ist, bewirkt der digitale Wandel inzwischen eine schleichende Transformation des gesamten Faches auf breiter Basis in Hinblick auf Themenspektren, Methodik, Aufgaben sowie Kompetenz- und Ausbildungsprofile. Es ist bereits absehbar, dass sich Erkenntnis- und Arbeitsprozesse durch die digitale Herausforderung ebenso umfassend verändern werden (müssen) wie die Position einer professionell nach allen Regeln der Quellenkritik arbeitenden Historikerzunft gegenüber der schieren Fülle geschichtsbezogener Inhalte in digitaler Form.

Kaum ein Element der Quellenkritik kann vor dem Hintergrund dieses technologischen und wissenschaftskulturellen Wandels unverändert bleiben, zumal das im Internet vorhandene Material *von beachtlicher Vielfalt (und quellenkritischer Brisanz) [ist], was eine quellenkundliche Erfassung erschwert.*[3] Dies verändert auch die Diskussion, die seit 2015 über die Neupositionierung der Quellenkritik in den deutschsprachigen Geschichtswissenschaften geführt wird: Reicht das etablierte Instrumentarium aus, um darauf eine *Digitale Quellenkritik* aufzubauen, die auch für den Umgang mit digital born-Materialien geeignet ist?[4] Wie werden wir die Materialität historischer Überlieferung mit all ihren Facetten in digitalen Wissenswelten abbilden und in Forschungs- und Analyseprozesse einbinden können? Wie lassen sich vor dem Hintergrund eines vielfach

---

[1] Mein besonderer Dank gilt der Arbeitsgruppe *Digitale und quellenkritische Dokumentation des kulturellen Erbes im östlichen Europa* (*DiCulEast*) am Herder-Institut für historische Ostmitteleuropaforschung in Marburg. Hier bin ich insbesondere Tatsiana Astrouskaya, Simon Donig, Jan-Eric Lutteroth und Anna Veronika Wendland für Ihre wertvollen Hinweise dankbar.
[2] Jürgen *Renn* u. a.: Netzwerke als Wissensspeicher. In: Die Zukunft der Wissensspeicher. Forschen, Sammeln und Vermitteln im 21. Jahrhundert. Hg. von Jürgen *Mittelstraß* und Ulrich *Rüdiger*. Konstanz/München 2016. S. 35–79, hier S. 35.
[3] Nicola *Wurthmann* und Christoph *Schmidt*: Digitale Quellenkunde. Zukunftsaufgaben der Historischen Grundwissenschaften. In: Zeithistorische Forschungen 17/1 (2020) S. 169–178.
[4] Peter *Borowsky*, Barbara *Vogel* und Heide *Wunder*: Einführung in die Geschichtswissenschaft. Opladen ⁵1989.

ungeregelten digitalen Redens über Geschichte Qualitätsmanagement und Kompetenzaufbau für professionelle Angebote sicherstellen und weiterentwickeln?

Angesichts der Herausforderung von *big data*, die viele Skeptiker der Zunft um die hermeneutische Qualität der historischen Forschung und das Primat der Vetomacht der Quellen[5] fürchten lässt, wird im Gesamtkontext oft folgender Umstand übersehen: *the new media are profoundly changing the ways most historians work, whether or not we are self-conscious about how we are becoming digital.*[6] Die Drastik all dieser Veränderung und ihre Folgen für die Geschichtswissenschaften hat Andreas Fickers wie folgt charakterisiert: *Das Digitale greift auf vielfältige Weise in unsere heutige Geschichtspraxis ein.* Dies wirke sich nicht nur auf die Art und Weise aus, *wie wir historische Quellen suchen, speichern, analysieren und visualisieren und wie wir unsere Geschichten erzählen, […] die dynamische, in Echtzeit ablaufende und vernetzte Natur der digitalen Forschungsinfrastrukturen und des Internets* [hat] *einen tiefgreifenden Einfluss darauf* […], *wie wir über Geschichte denken. Als neues zeitliches Regime prägt das digitale Zeitalter unsere Erinnerungspraktiken und verändert die Art und Weise, wie wir uns die Vergangenheit vorstellen und wie wir Geschichte erleben.*[7] Vor dem Hintergrund des umfassenden Wandels der Art und Weise, wie Vergangenheit in der Gegenwart präsent ist, wird dieser Beitrag argumentieren, dass die bisherige Grundsatzdebatte eine deutliche Erweiterung und Schwerpunktverschiebung benötigt. Diese sollte auch die Rollen adressieren, die bestandswahrende Institutionen, Forscher:innen und Nutzer:innen und informationstechnische Entwickler:innen im Forschungsprozess einnehmen.

Quellenkritik – analog versus digital?

Unter ‚Quellenkritik' versteht man in den historischen Wissenschaften eine etablierte Forschungsmethode, die Quellen (z.B. Schriftstücke, Notenblätter, Urkunden, Münzen, Grabsteine, Siegel, Musik, Interviews, Bilder etc.) für die Wissenschaft interpretierbar und analysierbar macht. Es findet dabei eine Beschreibung, Kontextualisierung und Interpretation der Quellen statt, wobei die Prüfung der Authentizität bzw. Plausibilität, die Bewertung des wissenschaftlichen Gehaltes und die Kontextualisierung der Quelle nach Materialität und nach Inhalt im Fokus stehen. […] Gemeinhin wird zwischen einer äußeren Quellenkritik, welche sich auf die Form und Gestaltung der Quelle bezieht, und einer inneren Quellenkritik, welche sich auf die Inhaltliche (semantische) Ebene der Quelle konzentriert, unterschieden.[8]

---

[5] Stefan *Jordan*: Vetorecht der Quellen. 2010. In: Dokupedia-Zeitgeschichte, https://docupedia.de/zg/Vetorecht_der_Quellen (aufgerufen am 20.10.2022).

[6] Daniel J. *Cohen* u. a.: Interchange. The Promise of Digital History. In: The Journal of American History 95/2 (2008) S. 452–491, hier S. 453.

[7] Andreas *Fickers*: What the D does to history. Das digitale Zeitalter als neues historisches Zeitregime? In: Digital History Konzepte, Methoden und Kritiken Digitaler Geschichtswissenschaft. Hg. von Karoline *Döring*, u. a. Berlin 2022. S. 45–63, hier S. 45.

[8] Jonathan G. *Geiger*: Digitale Quellenkritik. Quellenkritik 1.1 oder besser 2.0? 2020. https://dhd-blog.org/?p=14726 (aufgerufen am 20.08.2022).

Alle, die an Universitäten im Fach Geschichte einen Abschluss erworben haben, haben diese oder ähnliche Definitionen für den Umgang mit unseren Analysematerialien verinnerlicht – und das ist inzwischen auch ein Teil des Problems geworden. Denn vieles von dem, was Jonathan Geiger hier als klassische Definitionsaspekte von Quellenkritik einführt, steht durch den digitalen Wandel inzwischen substanziell zur Disposition: *In Bezug auf diese traditionsreiche Methode fordert die Digitalisierung die Wissenschaften auf*, so Geiger, *sich neu zu positionieren. Historiker:innen untersuchen heutzutage nicht nur die historische Quelle an sich, sondern auch deren digitale Repräsentationen, z.B. Faksimiles, Bilddigitalisate oder auch Transkriptionen. Zudem tritt ein weiterer Quellentypus hinzu, zu dem es kein analoges ‚Gegenstück' gibt da diese Objekte genuin digitaler Natur (‚digital born') sind.*[9]

Nach wie vor ist daher die Formulierung von Peter Haber gültig, dass wie bei jedem größeren Umbruch die Frage zu beantworten ist, *wieviel von den Neuerungen wirklich notwendig ist (must have), und was lediglich eine Verbesserung bedeutet (nice to have)*.[10] Bisher lassen sich in der Diskussion um die Neuverortung der Quellenkritik im digitalen Zeitalter drei Positionen ausmachen, die sich nicht zuletzt auch an der Frage festmachen, *ob man Digital Humanist sein kann, auch wenn man selbst nichts Digitales erschafft sondern sich ausschließlich der Theorie widmet – als ‚hack vs. yack' wird diese Kontroverse oft abgekürzt*.[11] Zum einen sprechen sich Digital Humanists wie Manfred Thaller und Pascal Föhr für einen weitergehenden Paradigmenwechsel aus, der auch den Erwerb von Programmierkenntnissen bei angehenden Historiker:innen einschließt. Ohne diese Erweiterung wären die Geschichtswissenschaften nicht mehr in der Lage, die sich im Digitalen bietenden Chancen bestmöglich umzusetzen und auf Augenhöhe mit den Informationswissenschaften zu agieren.

Die Kernfrage, die die Vertreter dieser Gruppe in besonderer Weise umtreibt, hat Manfred Thaller folgendermaßen umrissen: *Wenn Geisteswissenschaftler die Informationstechnologie einsetzen, tun sie das, um dieselben Ergebnisse, die sie auch ohne diese Technologie erreicht hatten, schneller und effektiver zu erreichen – oder streben sie Ergebnisse an, die ohne sie nicht erreichbar gewesen wären? [...] Sind diese dann ‚besser' als die in den Disziplinen auf traditionelle Weise erzielten?*[12] Eine zweite Gruppe plädiert demgegenüber für eine deutlich evolutionärere Vorgehensweise und in Konsequenz eher für die Ergänzung und den Ausbau der bestehenden Quellenkritik – wie Eva Pflanzelter, die in diesem Zusammenhang festgehalten hat: *die Grundsätze der klassischen Quellenkritik lassen sich mit Erweiterung der Untersuchungsparameter durchaus auf digitale Forschungsressourcen anwenden. [...] Der etablierte historische Dreischritt Heuristik –*

---

[9] Ebd.
[10] Peter *Haber*: Digital Past. Geschichtswissenschaft im digitalen Zeitalter. München 2011. S. 104.
[11] Mareike *König*: Die digitale Transformation als reflexiver turn. Einführende Literatur zur digitalen Geschichte im Überblick. In: Neue Politische Literatur 66 (2021) S. 37–60, hier S. 55.
[12] Manfred *Thaller*: Digital Humanities als Wissenschaft. In: Digital Humanities. Eine Einführung. Hg. von Fotis *Jannidis*, Hubertus *Kohle* und Malte *Rehbein*. Stuttgart 2017. S. 13–18, hier S. 13.

Quellenkritik – Interpretation bleibt also auch im Netz im Prinzip unverändert.[13] Schließlich lässt sich gerade in den letzten Jahren eine dritte Gruppe erkennen, die die These hinterfragt, ob es in der Frage von Arbeitsprozessen und Methoden überhaupt um einen Gegensatz zwischen zwei sich ausschließenden Prinzipien geht, da das Digitale bereits Teil jedes historischen Arbeitens sei. Vielmehr sei davon auszugehen, dass eine hybride Methodik das *new normal* darstelle und sich dieser Trend mit der zunehmenden Digitalisierung unweigerlich verfestigen werde. Denn *in allen Phasen des geschichtswissenschaftlichen Arbeitens*, so Andreas Fickers, *greifen digitale Infrastrukturen und Werkzeuge wie Online-Bibliotheks- oder Archivkataloge, Web-basierte Datensätze und Suchalgorithmen sowie Soft- und Hardware zur Datenbearbeitung und Repräsentation aktiv in den Denk- und Handlungsprozess historischer Sinnbildung ein.*[14]

Allen drei Szenarien gemeinsam ist folgende Prognose: Es bedarf zwar keiner umfassenden Revision der bisherigen Quellenkritik oder deren Neukonzeptionierung von einem gedachten digitalen Nullpunkt aus; gleichzeitig werden wir mit einer nur an einzelnen Bedarfen der allgemeinen Fachcommunity selektiv orientierten Quellenkritik nicht gut genug gerüstet sein, um den Herausforderungen und Potenzialen zukünftiger historischer Forschung angemessen begegnen zu können. Die historische Fachcommunity erzielt ihre Ergebnisse inzwischen so gut wie ausschließlich computergestützt, etwa mithilfe von Bibliotheks- und Literaturverweissystemen, Recherchetools oder Quellenportalen. Für den sich rasant vollziehenden Wandel ist aber in der Breite des Faches wenig Bewusstsein entwickelt worden, was sich auch in einer großen Diskrepanz zwischen den technischen und operativen Möglichkeiten des Digitalen auf der einen Seite und deren höchst unterschiedlich ausgeprägter Inanspruchnahme auf der anderen Seite niederschlägt. Insgesamt sei sich die Fachliteratur einig, so hält Mareike König fest, *dass der Computer zwar als heuristisches Instrument in der Geschichtswissenschaft gewinnbringend eingesetzt werden kann, die Interpretation jedoch zentrales Kerngeschäft von Historikerinnen und Historikern bleibt.*[15] Eine digitale Quellenkritik hat daher auch die Aufgabe, diese Zusammenhänge nicht nur zu reflektieren, sondern aktiv mitzugestalten.[16]

---

[13] Eva *Pflanzelter*: Die historische Quellenkritik und das Digitale. In: Archiv und Wirtschaft. Zeitschrift für das Archivwesen der Wirtschaft 48/1 (2015) S. 5–19.

[14] Andreas *Fickers*: Update für die Hermeneutik. Geschichtswissenschaft auf dem Weg zur digitalen Forensik? In: Zeithistorische Forschungen 17/1 (2020) S. 157–168.

[15] Mareike *König*: Nicht nur was und wo. Vom Umgang mit Digitalisierungsprojekten, in: Geschichte in Wissenschaft und Unterricht 73/9–10 (2022) S. 485–497, hier 487 f. – *Most discussions of source criticism in a digital context tend to focus on external source criticism. It is obviously crucial to train students in critically assessing online resources. However, much less focus is put on the interpretation of the sources that are offered, in other words, on internal source criticism, whereas crucial changes take place on this level in comparison to 'analogue' sources.* Gerben Zaagsma: On Digital History. In: Low Countries Historical Review 128/4 (2013) S. 3–29, hier S. 25.

[16] In diese Richtung zielt auch der Ansatz des 'digital modern' von James Smithies: *The concept of the digital modern offers a critical frame that we can use to understand the impact digital technologies are having on cultural and intellectual activity generally, and on digital humanities research in particular. […] The digital*

Bereits 2013 konstatierte Gerben Zaagsma in einem viel beachteten Beitrag einen hybriden Charakter der Geschichtswissenschaft, wenn es um Digitalität und einen grundlegenden Bruch mit vergangenen Praktiken geht. Daher sei es unverständlich und irritierend, so Zaagsma, *to see the dichotomy that is often created between supposedly new 'digital' ways of doing history versus traditional, or if you will, 'analogue', historical practices. […] Indeed, hybridity is the new normal. Apart from a relatively small group of historians working exclusively on digital projects, most historians combine traditional/analogue and new/digital practices, at least in the information gathering stage of their research.*[17] Zaagsma verweist vor diesem Hintergrund auch auf ein Desiderat, das im deutschen Wissenschaftssystem für Geisteswissenschaften immer noch besteht: *much more education is needed in order for historians to be able to make an informed choice as to which tools to employ in their research. At the end of the day, digital history is therefore about essential skills training and critical reflection upon historical practice. Crucially, it's not an option that can be ignored without consequences for the quality of historical research.*[18]

Die Wissenschaftspolitik hat auf diesen Umstand mit einer partizipativ angelegten Initiative zum Aufbau einer Nationalen Forschungsdateninfrastruktur reagiert, die ab 2023 auch die historisch arbeitenden Wissenschaften integrieren wird.[19] Das Konsorium trifft derzeit noch auf ein Fach der zwei Geschwindigkeiten. Denn obwohl sich in den letzten Jahren der Digital Turn zunehmend ins Zentrum der Geschichtswissenschaften bewegt hat (was unter anderem auch an der Vielzahl von Ausschreibungen für Digitale Geschichte ablesbar wird),[20] steht ein großer Teil der Community der dringend notwendig gewordenen Anpassung von Methoden, Qualifikationszielen und Ausbildungsprofilen jedoch nach wie vor sehr zurückhaltend gegenüber. Mareike König nennt hierbei folgende Gründe: *das weitverbreitete Ablehnen quantitativer Methoden; mangelnde IT-Kenntnisse; unklare Aussichten, welche Ergebnisse die zumeist anspruchsvollen digitalen Projekte bringen; der große Aufwand allein dafür, ein digital untersuchbares Dataset zu erstellen; sowie vor allem fehlendes digitales Denken, um historische Fragestellungen zu entwickeln, die man an ein großes Textkorpus richten könnte.*[21]

All diese Aspekte sind direkt mit der Frage der Ausbildung zukünftiger Generationen von Historiker:innen verbunden. Für den Verband der Historiker und Historikerinnen Deutschlands haben Eva Schlotheuber und Frank Bösch bereits 2015 festgehalten: *Grundlegende Kenntnisse und Fähigkeiten drohen […] nicht nur bei den Studierenden, sondern langfristig auch bei den Lehrenden in einem Maße abzunehmen, dass die kulturelle Überlieferung der Vergangenheit*

---

modern has little interest in the humanist tradition. It is brittle, contradictory, heterogeneous, networked, hierarchical and non-hierarchical, elitist and democratic. James *Smithies*: The Digital Humanities and the Digital Modern. London 2017. S. 19.

[17] *Zaagsma*, wie Anm. 15, S. 16–19.
[18] Ebd., S. 17.
[19] https://4memory.de/ (aufgerufen am 12.11.2022).
[20] Simon *Donig* und Malte *Rehbein*: Für eine „gemeinsame digitale Zukunft". Eine kritische Verortung der Digital History. In: Geschichte in Wissenschaft und Unterricht 73/9–10 (2022) S. 527–545, hier S. 527.
[21] *König*, Die digitale Transformation, wie Anm. 11, S. 56.

nicht mehr eigenständig erschlossen und beurteilt werden kann. [...] Die ‚digitale Wende' erfordert somit mehr und vertiefte Kompetenzen sowohl in der klassischen Quellenkritik als auch der Medienkritik.[22]

Die Brisanz und Dringlichkeit dieser Forderung ist seither noch viel deutlicher geworden: Es geht um nicht weniger als die zukünftige Attraktivität der Geschichtswissenschaften für angehende Historiker:innen und die Fähigkeit von Studierenden, Lehrenden und Fachkolleg:innen, mit der rasant fortschreitenden Digitalisierung unserer Arbeits- und Lebenswelten kompetent umzugehen und mit den erweiterten Möglichkeiten einer teils automatisierten digital gestützten Analyse und der massiven Verfügbarkeit digitaler Repräsentationen historischer Materialien zurechtzukommen. Dennoch finden wissenschaftliche Leistungen im Feld der digitalen Geschichte noch nicht annähernd die für die Zukunftsfähigkeit des Faches notwendige Anerkennung. Forschungsdatenmanagement gilt mitunter als notwendiges Übel beim Abarbeiten eines Anforderungskatalogs der Drittmittelförderung. Neue wissenschaftliche Publikationsformen wie Blogbeiträge[23] werden nicht durchgehend als gleichwertige Ergebnisse gewürdigt. An den meisten deutschen Universitätsstandorten zählen digitale Ergebnisse im üblichen Karrieredreischritt aus Promotion, Habilitation und Professur noch nicht als adäquate Leistungen zu herkömmlichen Publikationen. Zu den zukünftigen Ausbildungszielen sind daher tiefergehende Überlegungen notwendig, um Kompetenzen zukünftiger Historiker:innen für digitales und auf wissenschaftliche Infrastrukturen bezogenes Arbeiten zu stärken und ihre quellenkritischen Fähigkeiten auf die Quellenwelt der Zukunft hin zu entwickeln.[24]

---

[22] Eva *Schlotheuber* und Frank *Bösch*: Quellenkritik im digitalen Zeitalter. Die Historischen Grundwissenschaften als zentrale Kompetenz der Geschichtswissenschaft und benachbarter Fächer. In: H-Soz-Kult, 16.11.2015. www.hsozkult.de/debate/id/diskussionen-2866 (aufgerufen am 15.10.2022).

[23] Mareike König verweist auf wissenschaftliche Blogs nicht nur in ihrer Eigenschaft als neue Publikations-, sondern auch als neue Quellenart: *Blogs sind somit besondere Wissensorte der Forschung, bieten sie doch Einblicke in die Werkstatt der Wissenschaftlerinnen und Wissenschaftler und zeigen Forschung im Entstehen, Blogs dokumentieren den Forschungsprozess, die Phase vor der abschließenden Projekt-Veröffentlichung. Sie ersetzen damit bisherige Praktiken und Formate der Kommunikation und Publikation zumeist nicht – auch wenn sie es theoretisch könnten und vielleicht bisweilen auch tun. Vielmehr stellen sie in ihrer Ausprägung etwas Neues dar, ein eigenes Format, das Kennzeichen aus der analogen (mündlichen wie schriftlichen) und der digitalen Wissenschaftskommunikation als ‚missing link' mischt und um neue Merkmale ergänzt.* Mareike *König*: Blogs als Wissensorte der Forschung. In: Die Zukunft der Wissensspeicher. Forschen, Sammeln und Vermitteln im 21. Jahrhundert. Hg. von Jürgen *Mittelstraß* und Ulrich *Rüdiger*. Konstanz/München 2016. S. 105–122, hier S. 106.

[24] Vgl. hierzu die entsprechenden Leitlinien der Leibniz-Gemeinschaft: Karrieremodelle in den Forschungsinfrastrukturen. Hg. von Matthias *Kleiner*. 2021. https://www.leibniz-gemeinschaft.de/fileadmin/user_upload/Bilder_und_Downloads/%C3%9Cber_uns/Karriere/Karrieremodelle_Forschungsinfrastrukturen.pdf (aufgerufen am 20.10.2022).

Elemente einer neuen – digitalen – Quellenkritik

Die bisher umfassendste Grundlagendarstellung für ein neues Modell einer digitalen Quellenkritik[25] hat bisher Pascal Föhr vorgelegt. Für ihn stehen dabei vor allem folgende Fragen im Vordergrund:

- Welche Eigenschaften hat ein digitales Objekt?
- Gibt es neue Quellen, die es analog nicht gibt, und wenn ja, welche und wie müssen wir mit diesen umgehen?
- Muss für digitale Objekte eine neue historisch-kritische Methode erarbeitet werden?
- Welche Probleme entstehen durch die Eigenschaften eines digitalen Objekts bei der historisch-quellenkritischen Überprüfung (im Gegensatz zu physischen Objekten)?
- Welche Methoden können für die Quellenkritik digitaler Objekte in der Geschichtswissenschaft angewendet werden?
- Verändert sich die Arbeitsweise der historischen Zunft durch die veränderten quellenkritischen Anforderungen?[26]

Föhr ging 2018 davon aus, dass zusätzlich zu fachlichen und inhaltlichen Schlüsselkompetenzen sowohl die *klassische* Methodenkompetenz als auch die Kompetenz in digitalen Methoden gestärkt und eine Informationskompetenz (was Suchstrategien und Fragen der Findbarkeit betrifft) sowie eine entsprechende Methodenkompetenz (als Pendant zur Lesekompetenz) vermittelt werden muss. Entsprechend würden zukünftig Kompetenzen auch in folgenden Feldern benötigt:

- Technisches Know-how
- Kommunikationskompetenz
- Informationstechnikkompetenz
- Programmierkompetenz
- Datenkompetenz (FAIR-Prinzipien)[27]

Vieles an diesem Vorschlag, der die Brücke zum informationstechnischen Aspekt des neuen historischen Arbeitens schlagen möchte, ist im Prinzip richtig, kann aber im Rahmen eines grundständigen Studiums an Universitäten zusätzlich zur disziplinären Ausbildung kaum geleistet werden. Vielmehr gilt es, informationstechnologisches und mediales Anwendungs- und Einschätzungswissen in die Breite des Faches zu vermitteln und daran anknüpfend ein modulares Angebot für diejenigen zu entwickeln, die sich in einen spezifischen Aspekt weiter vertiefen wollen.

---

[25] Zu den Vorläufern zählt unter anderem: Geschichte online. Einführung in das wissenschaftliche Arbeiten. Hg. von Franz X. *Eder* u. a. Wien/Köln/Weimar 2006, insbesondere S. 247–272; Klaus *Gantert*: Elektronische Informationsressourcen für Historiker. Berlin/Boston 2011. S. 261–330.

[26] Pascal *Föhr*: Historische Quellenkritik im Digitalen Zeitalter. Basel 2018. S. 20.

[27] Ebd.; Zu den FAIR-Prinzipien für Forschungsdaten siehe https://www.publisso.de/forschungsdatenmanagement/fair-prinzipien/ (aufgerufen am 15.11.2022).

Dazu bietet vor allem *Ranke.2*, die am Luxembourg Centre for Contemporary and Digital History aufgebaute digitale Plattform, inzwischen weiterführende Perspektiven auf eine digitale Quellenkritik an. Mit dem Ziel, die nötigen Analyseschritte für digitalisierte und digital born-Quellen zu vermitteln, formuliert sie zusätzlich folgende Schlüsselfragen für eine neue digitale Quellenkritik:

– Warum wurde diese Quelle ausgewählt, um digitalisiert / zu einer digitalen Datenbank hinzugefügt zu werden?
– Hat die Transformation von der analogen zur digitalen Form die Aussagekraft und den artefaktuellen Wert der Quelle beeinträchtigt?
– Warum, wann und wie wurde die Quelle im Web veröffentlicht und wer hat die Initiative ergriffen?
– Wie hat die Suchmaschine diese spezifische Quelle abgerufen? Gibt es relevante Alternativen, die nicht abgerufen wurden?[28]

Wenn wir nun bei den Kriterien der *analogen* Quellenkritik ansetzen und uns fragen, wie deren Anpassung an die neuen digitalen Arbeits- und Qualifizierungskontexte aussehen könnte, ergeben sich zusätzliche Aspekte. So versteht Mareike König unter der neuen digitalen Quellenkritik *in erster Linie das Bewerten des Zustandekommens sowie Authentizität und Integrität bei digitalisierten oder bei digital born-Quellen*. Generell reiche es nicht mehr, nur zu wissen, was man wo finde, erweitert werden müsste dies durch weitere Aspekte wie *die kritische Durchleuchtung des Bereitstellungsprozesses des digitalen Surrogats, darunter die Auswahlkriterien, etwaige Veränderungen im Digitalisierungsprozess, die Verlässlichkeit der Texterkennung, Qualität und Art der Metadaten, Suchalgorithmen sowie rechtliche Kenntnisse über die Möglichkeiten zur Verwendung und Nachnutzung*. Auch die Kontextualisierung von Suchergebnissen in Hinblick auf ihren geographischen, historischen und politischen Entstehungsrahmen sei notwendig, um nicht *zufällige Einzelansichten als signifikant und repräsentativ einzuschätzen oder rein deskriptiv zu arbeiten*.[29]

Hinzu kommen noch Kompetenzen zur Erschließung von Provenienzen und zur historisch-kritischen Erstellung digitaler Datenbiografien, die auch Ambiguitäten und Fehlstellen beinhalten kann. Außerdem sind oft interkulturelle sowie Sprach- und Regionalkompetenzen notwendig, um die Perspektivengebundenheit von Forschungsdaten erkennen zu können. Auch gilt zu diskutieren, welche Schritte noch in Richtung eines diversity- und gender-sensiblen[30] Forschungsdatenmanagements oder einer Erweiterung der CARE-Prinzipien[31] für historisches Arbeiten zu

---

[28] https://ranke2.uni.lu/ (aufgerufen am 10.11.2022).
[29] *König*, Nicht nur was und wo, wie Anm. 15, S. 487.
[30] Beiträge zum Diskussionsstand in diesem noch neuen Forschungsfeld finden sich in: Intersectionality in Digital Humanities. Hg. von Barbara *Bordalejo* und Roopika *Risam*. Amsterdam 2019.
[31] Sabine *Imeri* und Michaela *Rizzolli*: CARE Principles for Indigenous Data Governance. Eine Leitlinie für ethische Fragen im Umgang mit Forschungsdaten? In: o-bib. Das offene Bibliotheksjournal 9/2 (2022). https://www.o-bib.de/bib/article/view/5815/8699 (aufgerufen am 15.10.2022).

ethisch und persönlichkeitsrechtlich sensiblen Themen zu gehen sein werden. Unverzichtbar ist insgesamt eine Sensibilisierung für die Wandelbarkeit, d. h. Historizität und Ambiguität von Kategorien und Begriffen und die Quellenbasiertheit von Prozessanalysen.

Folgt man all diesen Vorschlägen, dann kann im Bereich der äußeren Quellenkritik eigentlich kein Kriterium mehr unverändert bestehen bleiben. Schon der Ausgangspunkt der etablierten Quellenkritik, die Art der Quelle und die Bestimmung der Quellengruppe, erfordert inzwischen eine Erweiterung: Hier gerät nicht nur die deutlich größere Bandbreite an archivalischen Quellen, mit der wir zunehmend konfrontiert sein werden, in den Blick, etwa die immer wieder genannten und für das historische Arbeiten zukünftig existenziell wichtigen digital born-Quellen. Auch die Frage der Definition von Quellen stellt sich neu. Dies betrifft nicht nur die Abgrenzung der Einzelquelle, sondern auch die archivische Tektonik, die durch digitale hypertextuelle Strukturen eine entscheidende zusätzliche Dimension erhält. Selbst die Spuren, die wir als Nutzer:innen im Netz hinterlassen, sind im Hinblick auf ihren Quellencharakter noch nicht hinreichend reflektiert – so lassen sich sogar wissenschaftliche Recherche- und Nutzungsverläufe problemlos als neue Quellenart charakterisieren.

Klärungsbedarf ergibt sich auch im Aspekt Autor:in oder Produzent:in einer Quelle, da dieser zumindest im Fall von digital born-Quellen eine neuartige kollaborative Struktur aufweist und angesichts zunehmend automatisierter Verfahren eine Co-Autorenschaft (im Sinne von Bruno Latour) der technischen Infrastruktur gesehen werden kann. Aus der Durchsetzung digitaler Nutzungsformen ergibt sich zudem eine Reihe weiterer Fragen (z. B. folgen wir der Logik der Akten oder der Logik der digitalen Kommunikation und der sozialen Medien?). Die Aspekte der Schrift und Sprache (Transkription und ggf. Übersetzung, Maschinen- oder Handschrift) wären in Richtung von Programmiersprachen, Quellcodes und Algorithmen wesentlich zu erweitern. Ähnliches gilt für die Frage nach dem Material und dem Erhaltungszustand (wie etwa Beschreibstoff, Schrift, Zahl der Blätter, Gestaltung des Textes, Beschädigungen und Zerstörungen): Erstens stellt sich die Frage nach einer genuin digitalen Materialität, bei der die analoge Variante (etwa als Ausdruck einer digitalen Quelle auf Papier) nur mehr einen sekundären Charakter aufweist. Zweitens verweist dies auf den potenziellen Informationsverlust, der durch den Übergang von analog zu digital entstehen kann, was Haptik, Geruch, Faltung oder Größenverhältnisse betrifft. Auf der Habenseite des Digitalen steht hier der durch neue technische Möglichkeiten erweiterte Blick auf Mikrostrukturen der Quelle, die mit dem bloßen Auge nicht erkennbar sind.[32] Schließlich müssen auch die Kriterien des Fund- und Aufbewahrungsorts, der ursprünglichen Herkunft (Provenienz) sowie der Entstehungszeit für eine digitale Quellenkritik in umfassender Weise neu bestimmt werden (etwa durch das Problem der Versionierung und der Entkopplung von Ent-

---

[32] Gerben Zaagsma hat die Ambivalenzen des Verhältnisses zwischen Materialität und Digitalität von Quellen folgendermaßen beschrieben: *First of all we lose materiality and thus potentially valuable knowledge about our sources, and materiality arguably influences our imagination: [...] the question then becomes how the absence of materiality influences our reconstructions of the past. My point here is not that digital reproductions are worse or inevitably lead to partial representations; it is that we need to ask what we might miss when working with them, as much as laud their potential.* Zaagsma, wie Anm. 15, S. 25 f.

stehungs- und Speicherort). Selbst der Nachweis der Echtheit einer Quelle erhält im digitalen Zeitalter eine neue Bedeutung und erfordert neue Instrumente wie die digitale Forensik.

All diese Punkte betreffen bisher nur die äußere Quellenkritik. In Hinblick auf die innere Quellenkritik bedarf es angesichts der dynamischen Entwicklung von digital gestützten Verfahren und Tools keiner besonderen Begründung, dass diese in Zukunft deutlich bereichert werden wird. Das betrifft sowohl den Schritt der sachlichen und sprachlichen (philologischen wie ideologiekritischen) Aufschlüsselung als auch die Aspekte der Eingrenzung des Aussagebereichs und der Einordnung in breitere Kontexte sowie den Aspekt der Ergebnispräsentation. Hier liegt es auf der Hand, dass mit den neuen Möglichkeiten der digitalen Geschichts- und Archivwissenschaften die Verfahrensschritte und Arbeitskonstellationen im Zusammenspiel zwischen Forschung und bestandswahrenden Einrichtungen wesentlich dynamisiert werden können, seien dies Archive, Museen, Gedenkstätten oder Infrastruktureinrichtungen.

Die Erweiterung all dieser Elemente der klassischen Quellenkritik um eine digitale Dimension konzentriert sich in der Diskussion in besonderer Weise auf die Frage nach dem Verhältnis zwischen Original und Kopie. Matthew Kirschenbaum ging bereits 2013 in einem vielbeachteten Beitrag davon aus, *that the preservation of digital objects is logically inseparable from the act of their creation – the lag between creation and preservation collapses completely, since [...] each individual access creates the object anew. One can, in a very literal sense, never access the "same" electronic file twice, since each and every access constitutes a distinct instance of the file that will be addressed and stored in a unique location in computer memory. [...] Access is thus duplication, duplication is preservation, and preservation is creation – and recreation.*[33] Nach Andreas Fickers ist es daher nicht mehr die Frage nach Original und Kopie, die in Zeiten des Digitalen das Interesse der historischen Analyse auf sich ziehen sollte, sondern jene nach der Authentizität und Integrität: *Die ‚geschichtete' oder ‚verteilte Materialität' digitaler Objekte, d. h. ihre intrinsische Verwobenheit mit Hard- und Software-Umgebungen, die ihre Speicherung, Darstellung, Analyse und Wiederverwendbarkeit erst möglich machen, erfordern [...] eine informationstechnische Erweiterung des Handwerkszeugs und der Kompetenzen der Geschichtswissenschaft. Auch wenn das Konzept des*

---

[33] Matthew *Kirschenbaum*: The .txtual Condition: Digital Humanities, Born-Digital Archives, and the Future Literary. In: Digital Humanities Quarterly 7/1 (2013). http://www.digitalhumanities.org/dhq/vol/7/1/000151/000151.html (aufgerufen am 20.10.2022), hier S. 16. Mit Willem van Peursen ließe sich noch ergänzen: *The creation of digital objects [...] is a crucial part of humanities research. It is more than just preparation for research. This is a fundamental difference between databases as they are used in the humanities and those that are used in the natural sciences.* W. T. *van Peursen*: Text comparison and digital creativity. An introduction. In: Text comparison and digital creativity. Hg. von W. T. *van Peursen*, E. *Thoutenhoofd* und A. *van der Weel*. Leiden 2010. S. 1–28. Nils Brügger und Ditte Laurensen sprechen hier von „reborn digital media": *when it comes to studies of born digital media in their archived form – what one could term reborn digital media, because born digital media are fundamentally transformed when they are archived.* Niels *Brügger* und Ditte *Laursen*: Introduction. Digital Humanities, the Web, and National Web Domains. In: The Historical Web and Digital Humanities. The Case of National Web Domains. Hg. von Niels *Brügger* und Ditte *Laursen*. London/New York 2019. S. 1–8, hier S. 2.

‚Originals' bei Digitalisaten aufgrund der dynamischen Konsistenz digitaler Objekte nicht mehr sinnvoll ist, stellt sich auch bei ihnen die Frage nach ihrer Authentizität – und besonders nach ihrer Integrität.[34]

Vor diesem Hintergrund ist es ein Gebot der Stunde, hermeneutisch reflektierte und standardisierte Verfahrensweisen zu entwickeln, um Transparenz über Vorgangsweisen bei der digitalen Zurverfügungstellung, auch in Hinblick auf neue rechtliche und ethische Dimensionen des Digitalen, zu entwickeln. Hier gilt es angesichts der Debatten um *fake news*, das Verwendungsvertrauen durch zusätzliche Verifizierungsschritte zu stärken und möglichen analytischen Fehleinschätzungen präventiv entgegenzuwirken – etwa durch die Offenlegung der Provenienz der Metadaten, Hinweise über die rechtlichen Kontexte des digital zur Verfügung gestellten Materials oder die Transparenz über die Aufbau- wie Entwicklungsmotivation des jeweiligen digitalen Angebots. Hinzu tritt als weiteres quellenkritisches Instrument die Entwicklung von Leitlinien und Kompetenzmodulen zum Umgang mit z. B. umstrittener, manipulierter oder gefälschter Information, die dem Ziel der Desinformation dient – in dem Sinne, Kohärenz zu dekonstruieren, kollektive Prozesse der Sinngebung zu stören und damit den Aufbau einer gemeinsamen Sicht auf die Vergangenheit zu blockieren.[35]

Wolfgang Schmale sprach bereits 2010 vom *Verschwimmen der Grenzen zwischen geschichtswissenschaftlicher Erkenntnis und ihrer Darstellung einerseits und [...] Geschichtsklitterung mit Aussicht auf breite Rezeption und Wirkung andererseits.*[36] Inzwischen erfolgt eine Annäherung an historische Inhalte meist nicht mehr über wissenschaftlich kuratierte Angebote, sondern über kommerzielle Produkte wie Computerspiele oder Apps wie *Deep Nostalgia*.[37]

Vielfach ist in der Diskussion bereits die Gefahr addressiert worden, dass der Computer unreflektiert als *truth machine* genutzt wird mit der Konsequenz, dass die Forschung zunehmend von technischen Aspekten abhängig wird.[38] So weist Mareike König Forschende darauf hin, dass sie selbst dann um methodische Fallstricke wissen müssen, die sich aus Massendigitalisierung und der Vielfalt an digitalen Angeboten ergeben, wenn sie das, was auf dem Bildschirm angezeigt wird, nur lesend auswerten möchten. Außerdem zeichne sich ab, so König, *dass die Auswahl bei der Digitalisierung Auswirkungen auf die in der Forschung bearbeiteten Themen hat. Studierende wie Forschende orientieren sich in ihrer Themenwahl daran, welche Quellenbestände online zugänglich sind. [...] Die Gefahr, dass wissenschaftliche Innovation durch Digitalisierungsprojekte zugleich eröffnet und eingeschränkt wird, ist also durchaus real.*[39] Arjun Sabharwal spricht daher

---

[34] *Fickers*, Update für die Hermeneutik, wie Anm. 14.

[35] Miglė *Bareikytė* und Yarden *Skop*: Archiving the Present. Critical Data Practices During Russia's War in Ukraine. In: Sociologica. International Journal for Sociological Debate 16/2 (2022) S. 199–215. https://sociologica.unibo.it/article/view/15361/14834 (aufgerufen am 05.11.2022).

[36] Wolfgang *Schmale*: Digitale Geschichtswissenschaft. Wien/Köln/Weimar 2010. S. 37–39.

[37] https://www.d-id.com/liveportrait/ (aufgerufen am 15.11.2022).

[38] David M. *Berry* und Anders *Fagerjord*: Digital Humanities. Knowledge and Critique in a Digital Age. Cambridge/Malden 2017. S. 136f.

[39] *König*, Nicht nur was und wo, wie Anm. 15, S. 485 f. u. 492.

von einer Übernutzung (*overuse*) von Technologie zu Lasten von wissenschaftlicher Analyse, Interpretation und Bewertung – vor diesem Hintergrund gelte es, stärker zu reflektieren, dass digitale Artefakte wie Software, Codes oder Plattformen Wissen auch verdinglichen (nicht zuletzt über die Visualisierung der Ergebnisse).[40]

Insgesamt wird daher entscheidend sein, so Andreas Fickers, neue kritische Kompetenzen in folgenden Bereichen zu entwickeln: *algorithm criticism, digital source criticism, tool criticism, interface criticism, and simulation criticism. All these digital skills and competences should be part of the toolkit of digital historians, symbolizing the ‚reflective turn' in digital humanities.*[41] Er stellt hier folgende Punkte als entscheidend heraus:

- die Black Boxes von algorithmusgesteuerten Suchmaschinen zu öffnen und über die Heuristik der Suche in Online-Katalogen und Repositorien nachzudenken;
- über die 6 Vs der Datenintegrität nachzudenken (volume, velocity, variety, validity, veracity, value) und in historischer Datenkritik zu schulen;
- zu verstehen, wie digitale Werkzeuge die epistemischen Objekte der Untersuchungen ko-konstruieren und Benutzer:innen zu Manipulator:innen hochspezifischer Forschungsinstrumente machen;
- den *look of certainty* der Datenvisualisierung zu dekonstruieren, indem die indexikalische aber dynamische und relationale Beziehung zwischen *Backend* und *Frontend* von dynamischen Interfaces erforscht werden;
- eine multimodale Kompetenz zu entwickeln, um die narrativen Konventionen des transmedialen Geschichtenerzählens und die relationale Logik von Web-Applikationen und Archiven zu entschlüsseln.[42]

In der Literatur wird zudem immer wieder eine zu große institutionell-organisatorische Segmentierung der Forschung und der folgende Umstand beklagt: *too many research groups are divided by institutional or national political or historical diversions that prevent them from benefiting from the potential synergy of different backgrounds, interests, experiences, skills and data sets.*[43] Das verweist auch auf die Frage der transnationalen Einordnung von Forschungsdaten, die sich einer eindeutigen „nationalen" Zuordnungslogik entziehen und/oder das Ergebnis kolonialer Dominanz oder Aneignung sind. Denn auch hier ist die Auswahl von Quellen und Objekten zur Digitalisierung keineswegs dem Zufall überlassen oder rein praktischen Erwägungen geschuldet,

---

[40] Arjun *Sabharwal*: Digital Curation in the Digital Humanities. Preserving and Promoting Archival and Special Collections. Amsterdam 2015. S. 31 f.

[41] Andreas *Fickers*, Juliane *Tatarinov* und Tim *van der Heijden*: Digital history and hermeneutics between theory and practice. An introduction. In: Digital history and hermeneutics. Hg. von Andreas *Fickers*, Juliane *Tatarinov* und Tim *van der Heijden*. Berlin/Boston 2022. S. 1–19, hier S. 9. Zur Algorithmuskritik siehe auch Stephen *Ramsay*: Reading Machines. Toward an Algorithmic Criticism. Chicago 2011.

[42] *Fickers*, What the D does to history, wie Anm. 7, S. 48.

[43] Cultural Heritage Infrastructures in Digital Humanities. Hg. von Agiatis *Benardou* u. a. London/New York 2017. S. 5 f.

sondern vielmehr *ein Abbild von Bias und Machtstrukturen der Nationalstaaten und der Sammlungslogik ihrer Einrichtungen. Entsprechend liegt vor allem die Textproduktion des globalen Nordens digitalisiert vor, mit einem Fokus auf der jeweiligen Nationalgeschichte und auf dem, was erinnerungspolitisch Konjunktur hat, etwa Jubiläen und Gedenkjahre.*[44]

Obwohl daher Projekte wie das Portal Europeana[45] so konzipiert sind, dass sie nationale Grenzen überschreiten mit dem Ziel ein Gefühl für das gemeinsame europäische Erbe zu schaffen, ist laut Gerben Zaagsma der Prozess der Auswahl der Inhalte immer noch eine überwiegend nationale Angelegenheit. *More than that, digitisation has also become part of a global postcolonial struggle for the past, for example in Africa, and has even been regarded as a form of repatriation.*[46] David Thomas und Valerie Johnson verweisen entsprechend auf einen der ‚dunklen Seite der Digitalisierung' (*dark side to digitization*) geschuldeten Umstand: Da der Digitalisierungsprozess bestimmte Arten von Archivalien und Materialien privilegiere, führe dies in der Summe zu einer eklektischen Mischung von Online-Materialien.[47]

Letztlich sollten daher Repräsentationen historischer Quellen über eine entsprechende Zusammenarbeit zwischen kuratorischen und Fachexpertisen folgenden Zusammenhang adressieren: *What is too often forgotten […] is that our digital helpers are full of 'theory' and 'judgement' already. […] they rely on sets of assumptions, models, and strategies. Theory is already at work on the most basic level when it comes to defining units of analysis, algorithms, and visualisation procedures.*[48] Gerade angesichts der Debatten um *rassistisch* oder *sexistisch* klassifizierende selbstlernende Systeme der Künstlichen Intelligenz bedarf es einer kritischen Begleitung der Algorithmisierung der historischen Wissenschaften, die das Zusammenspiel kuratorischer und fachlich-disziplinärer Expertise erfordert.[49]

Es liegt angesichts der geschilderten Herausforderungen für die Geschichtswissenschaften auf der Hand, dass den wissenschaftsbasiert arbeitenden bestandswahrenden Einrichtungen bei der Ausgestaltung zukünftiger Modelle der Quellenkritik eine besondere Rolle und Verantwortung zukommt. Sie vereinen dazu drei notwendige Komponenten: Zur (1) historischen Fachexpertise

---

[44] *König*, Nicht nur was und wo, wie Anm. 15, S. 490.

[45] https://www.europeana.eu/de (aufgerufen am 05.11.2022).

[46] *Zaagsma*, wie Anm. 15, S. 20–21.

[47] David *Thomas* und Valerie *Johnson*: New Universes or Black Holes? Does Digital Change Anything? In: History in the Digital Age. Hg. von Toni *Weller*. London/New York 2013. S. 173–193, hier S. 182. Vgl. hierzu auch Lara *Putnam*: The Transnational and the Text-Searchable. Digitized Sources and the Shadows they Cast. In: American Historical Review 121/2 (2016) S. 377–402, hier S. 389–391.

[48] Bernhard *Rieder* und Theo *Röhle*: Digital Methods. Five Challenges. Understanding Digital Humanities. Hg. von David M. *Berry*. Houndmills 2012. S. 67–85, hier S. 70.

[49] Vgl. u. a. Ben-David *Anat* und Adam *Amram*: The Internet Archive and the Socio-Technical Construction of Historical Facts. In: Internet Histories. Digital Technology, Culture and Society 2/1–2 (2018) S. 179–201; Britta *Schinzel*: Von Software-Beton, falschen Vorhersagen und „intelligenter" Diskriminierung. Wie digitale Entscheidungsarchitekturen Menschen und Lebensräume ordnen. In: Aus Politik und Zeitgeschichte 72/10–11 (2022) S. 26–34.

kommen noch (2) die Material- und Spartenkenntnisse (in Archiven, Bibliotheken, Museen, Sammlungen und Gedenkorten) sowie angesichts der technischen Entwicklung ihrer Tätigkeitsfelder (3) notwendige digitale Mindestkompetenzen dazu. Diese drei Bereiche sollten bei der Komptenzentwicklung für zukünftige Historiker:innen über eigens dafür entwickelte Formate gesamtheitlich in den Blick genommen werden statt unreflektiert a priori vom Prinzip einer strikten Arbeitsteilung zwischen historischer Fachwissenschaft, kuratorischem Wissen und informationstechnischer Entwicklung und Anwendung auszugehen.[50] Standortspezifische neue Formen der Zusammenarbeit zwischen Informationstechnologie, Geschichtswissenschaften, weiteren Disziplinen sowie Anwendungs- und Transferpartnern würden es dem Fach Geschichte ermöglichen, seine Fragestellungen neu zu skalieren und neue Austauschformate über Querschnittsthemen wie etwa die Klima- oder Pandemieforschung zu finden. Im Gegenzug würde es den historisch arbeitenden Disziplinen möglich, auf entscheidende Aspekte der Historizität und Perspektivgebundenheit von Forschungsdaten hinzuweisen und für den Konstrukt- und Artefaktcharakter von jenen Kategorien und historischen Zeugnissen zu sensibilisieren, die in den Rohdaten enthalten sind.

Hinzu kommt eine fehlende Tradition des kollaborativen Arbeitens (*By and large, we historians do our work – the acts of researching, writing, and publishing – alone, rather than in collaboration with others*[51]). Daniela Pscheida hat auf die zunehmende Komplexität heutiger Forschungsfragen hingewiesen, *die eine Bearbeitung durch Akteure aus mehreren, häufig weit verteilten, Forschungsinstitutionen und unterschiedlichen Wissenschaftsdisziplinen erfordert. Der Einsatz von digitalen Werkzeugen zur Kommunikation und zur Koordination der gemeinsamen Arbeit,*

---

[50] Johanna Drucker verweist hier auf die Lage in den 2000er Jahren: *A constant refrain was that if the 'humanists' did not take up this digital work, it would be left to the 'technologists'. This posited the role of the latter as unthinking and mechanical, a gross mischaracterization. In the last decade, given my position within information studies, I have come to respect the ethical and critical commitment of my professional colleagues and their thoughtful engagement with the politics of knowledge management systems and standards. For any of our DH work to be sustainable, it needs to be produced in full dialogue with the community of information professionals.* Johanna *Drucker*: Sustainability and complexity: Knowledge and authority in the digital humanities. In: Digital Scholarship in the Humanities 36/Issue Supplement 2 (2021) S. 86–94. Für die Soziologie vgl. einen ähnlichen Befund von Saskia *Sassen*: Towards a Sociology of Information Technology. In: Current Sociology 50/3 (2002) S. 365–388. Ebenso hat Patrick Sahle die traditionelle Trennlinie zwischen dem Archiv als institutionalisierter Sammlung von Dokumenten und der Edition als Ergebnis einer kritischen Reflexion über eine Textüberlieferung in Frage gestellt und angeregt, Editionen sowohl als Archiv (Bewahrung) wie auch als Museum (Ausstellung) zu verstehen. Patrick *Sahle*: Vom editorischen Fachwissen zur digitalen Edition. Der Editionsprozess zwischen Quellenbeschreibung und Benutzeroberfläche. In: FUNDUS – Forum für Geschichte und ihre Quellen 28/2 (2003) S. 76–102, hier S. 76; zitiert nach Georg *Vogeler*: Edition – Protoedition – Reproduktion. Der digitale Wandel. In: Geschichte in Wissenschaft und Unterricht 73/9–10 (2022) S. 499–511.

[51] Kristen *Nawrotzki* und Jack *Dougherty*: Introduction. Writing History in the Digital Age. Hg. von Jack Dougherty und Kristen Nawrotzki. Ann Arbor 2013. S. 1–18, hier S. 4.

zum Teilen von Informationen und Materialien sowie zur synchronen Bearbeitung von Dokumenten macht die Umsetzung derartiger Projekte überhaupt erst möglich, verschiebt dadurch allerdings Standards. Sie nennt auch die Probleme auf dem Weg zu einem kollaborativeren Arbeiten: So seien diese Ergebnisse nicht mehr eindeutig einem Akteur zuzuordnen, sondern besitzen *eine diffuse Urheberschaft, die es zunächst schwierig erscheinen lässt, die jeweiligen Anteile an der Erkenntnisleistung [zu] bemessen und bewerte*[n].[52] Zukünftig muss daher gerade vor dem Hintergrund des Laboratory Turns[53] noch der Grad ausgelotet werden, in dem sich Historiker:innen in frühen Phasen ihrer Arbeit über die gewonnenen Forschungsdaten austauschen können, ohne gleichzeitig befürchten zu müssen, sensible Informationen über zentrale Quellen und den Fundort wichtiger Bestände zu früh offenzulegen. Ein Modell hierfür wäre der Austausch mit Kurator:innen auf Augenhöhe in entsprechend geschützten Bereichen und Arbeitskontexten – verbunden mit Tandemautorschaften, die am Beispiel gemeinsam erschlossener Schlüsselquellen die Datenkompetenz und interdisziplinäre Anschlussfähigkeit der Geschichtswissenschaften dokumentieren.

Darauf zielt auch das Modell der trading zones ab, das von Peter Galison vorgeschlagen[54] und am Luxembourg Center for Contemporary and Digital History weiterentwickelt wurde. [C]*ollaborating in this interdisciplinary setting meant interacting in an intellectual climate characterized by experimentation, creative uncertainty, and appropriation of new tools and methodologies for doing digital history research.* Mit der Entwicklung von Trading zones können unterschiedliche epistemische Perspektiven erkenntnisgeleitet fruchtbar gemacht werden, etwa in Form eines *collaborative space of knowledge production in which methodological interdisciplinarity and theoretical bricolage formed the mental framework for critical debate and discussion.*[55]

Gerade hier bieten sich bestandswahrende und auf Wissensvermittlung fokussierende Gedächtniseinrichtungen als natürliche Partner bei der Erweiterung des quellenkritischen Kompetenzfeldes für zukünftige Historiker:innen an: *Archives, libraries, and museums have been actively engaged in the digitization of cultural heritage for several decades. Digitization projects*

---

[52] Daniela *Pscheida*: Dynamiken in der digitalen Wissenskultur. Wie Social Media Wissenschaft, Alltag und Lernen verändern. In: Die Zukunft der Wissensspeicher. Forschen, Sammeln und Vermitteln im 21. Jahrhundert. Hg. von Jürgen *Mittelstraß* und Ulrich *Rüdiger*. Konstanz/München 2016. S. 81–104, hier S. 86 f. Vgl. auch Daniela *Pscheida*: Das Wikipedia-Universum. Wie das Internet unsere Wissenskultur verändert. Bielefeld 2010.

[53] Urszula *Pawlicka-Deger*: The Laboratory Turn. Exploring Discourses, Landscapes, and Models of Humanities Labs. In: In: Digital Humanities Quarterly 14/3 (2020). http://www.digitalhumanities.org/dhq/vol/14/3/000466/000466.html (aufgerufen am 20.10.2022).

[54] Peter *Galison*: Computer Simulations and the Trading Zone. In: The Disunity of Science. Boundaries, Contexts, and Power. Hg. von Peter *Galison* und David *Stump*. Stanford 1996. Vgl. auch Peter *Galison*: Trading with the Enemy. In: Trading Zons and Interactional Expertise. Creating New Kinds of Collaboration. Hg. von Michael E. *Gorman*. Cambridge MA. 2020. S. 25–52.

[55] *Fickers, Tatarinov* und *van der Heijden*, wie Anm. 41, S. 2. Max *Kemman*: Trading Zones of Digital History. Berlin/Boston 2021.

have generated new organizational foras and collaborative networks, as well as new types of cultural heritage services, and are clearly the cause of a number of changes in mind-set, strategies, and processes in these institutions. Abundant case studies and research on particular ethical issues prove that digitization has had a significant impact on managing online engagement with heritage collections, ensuring confidentiality of personal information in heritage documents, ensuring authenticity, organizing access to heritage objects, and carrying out selection and interpretation. New professional practices in digitization have resulted in new ethical challenges.[56] Hierbei könnte das Konzept der ‚liaison librarian' auch auf andere Sparten angewendet werden: Dieses zielt darauf ab, digitale Angebote auf der Grundlage individueller Kundenbindungen zu entwickeln und über diesen Weg auch die persönliche Kommunikation zwischen Forschenden und Bibliothekar:innen auf eine neue Ebene zu heben.[57]

Mareike König verweist in diesem Zusammenhang auf ein bereits stattfindendes Umdenken in Gedächtnisinstitutionen, dass Nutzer:innen nicht mehr als Zielgruppe, sondern als aktiv Mitgestaltende der digitalen Angebote gesehen werden. *Insbesondere partizipative Umgebungen werden in diesem Zusammenhang großgeschrieben, etwa in Citizen Science-Projekten, aber auch für Forschende bei Transkription Annotation oder Anreicherung von Digitalisaten und ihren Metadaten. Die auch wissenschaftspolitisch gewollten Entwicklungen in dieser Richtung bündeln sich im Schlagwort Open Science, das unter anderem auf freie Nachnutzung wissenschaftlicher Ergebnisse, darunter Forschungsdaten und -methoden (z.B. Code) und auf Mitwirkung setzt.*[58] Als besonders hilfreich könnten sich z. B. neue Formen der Zusammenarbeit auf dem Feld der kritischen Digitalisierung[59] erweisen, in dem besonders geeignete Bestände tief erschlossen und die Entscheidungswege exemplarisch herausgearbeitet werden, die bei der Auswahl, Bearbeitung und Präsentation eine entscheidende Rolle gespielt haben.[60]

---

[56] Zinaida *Manžuch*: Ethical Issues in Digitization of Cultural Heritage. In: Journal of Contemporary Archival Studies 4, Special Issue (2017), Article 4: https://elischolar.library.yale.edu/jcas/vol4/iss2/4 (aufgerufen am 07.12.2022), hier S. 1.

[57] Simone *Fühles-Ubach*: Vom „embedded" zum „liaison librarian" – was versprechen die neuen Konzepte? In: Vernetztes Wissen – Daten, Menschen, Systeme. Hg. von Bernhard *Mittermaier*. Jülich 2012. S. 337–350, hier S. 337. Vgl. auch: Zur Arbeit von Liaison Librarians https://www.libess.de/zur-arbeit-liaison-librarians/ (aufgerufen am 07.12.2022).

[58] *König*, Nicht nur was und wo, wie Anm. 15, S. 494.

[59] Mats *Dahlström*: Critical Editing and Critical Digitization. In: Text Comparison and Digital Creativity. The Production of Presence and Meaning in Digital Text Scholarship. Hg. von Ernst *Thoutenhoofd*, Adriaan *van der Weel* und Wido Th. *van Peursen*. Leiden 2010. S. 79–97.

[60] Vgl. hierzu u. a. auch Marina *Lemaire*: Vereinbarkeit von Forschungsprozess und Datenmanagement, Forschungsdatenmanagement nüchtern betrachtet. In: o-bib. Das offene Bibliotheksjournal 5/4 (2018) S. 237–247; Jan *Wierzoch*: Quellen digitalisieren, Digitalisate als Quellen. Anforderungen an und Management von Retrodigitalisaten in Gedächtniseinrichtungen als Forschungsdaten der Geschichtswissenschaft. Berlin 2020.

Insgesamt hat daher eine digitale Quellenkritik Kompetenzen zu entwickeln, die ermöglichen, dass Folgendes in der zuküftigen historischen Forschung beherzigt wird: *not solely to use technology for the sake of technology but also to understand what implications digital technology has for the humanities.*[61] Dazu benötigen wir strategische Allianzen, um Forschung, Karriereförderung und technische Entwicklung in Einklang zu bringen – auch Kurator:innen würden von dieser Zusammenarbeit erheblich profitieren. Außerdem gilt es, unsere Methoden- und Theorieensembles dahingehend zu erweitern, dass die Kernkompetenzen für eine qualitativ-heuristische und kritisch-kontextualisierende Interpretation historischer Quellen ohne Einschränkungen gewährleistet bleiben. Hier ist auch die Anwendung von Konzepten vonnöten, die bisher nur in dem einen oder anderen Feld verortet sind, deren Diskussion über diese Bereiche hinaus jedoch erheblich Synergie- und Impulseffekte haben könnte.

---

[61] *Sabharwal*, wie Anm. 40, S. 11.

Ein „digitaler Werkzeugkasten" für historische Forschung mit Archivgut.
Status quo und Perspektiven

Von Daniel Fähle und Harald Sack

Archive stellen bereits ein breites inhaltliches Angebot an interdisziplinär relevanten Forschungsdaten in Form von digitalisierten und originär digitalen Quellen samt zugehöriger Erschließungsinformationen zur Verfügung. Um innovative Forschungsmethoden einsetzen zu können, werden Schnittstellen und Werkzeuge benötigt, die eine Analyse, Anreicherung und Auswertung von *Archiv-Big-Data* ermöglichen. Ein Portfolio an verwendbaren Tools und Diensten gibt es schon heute – aber wie könnte ein dezidierter *digitaler Werkzeugkasten* für die Forschung mit Archivgut in Zukunft aussehen? Wie müssen die entsprechenden archivischen Angebote ausgebaut werden, um aktuelle und künftige Anforderungen der digitalen Forschung an Informationsinfrastrukturen erfüllen zu können? In diesem Beitrag werden dahingehend die Handlungsfelder Erweiterung des Datenangebots, Verbesserung der Datenqualität und Optimierung der Bereitstellungskanäle eingehender betrachtet. Es folgt ein Überblick zu einschlägigen Methoden und Werkzeugen sowie die Auseinandersetzung mit der Frage nach den erforderlichen Kompetenzen, um den *Werkzeugkasten* einsetzen zu können. Der zweite Teil des Beitrags veranschaulicht anhand konkreter Beispiele, welche Methoden und Tools bei der Extraktion von Wissen zum Einsatz kommen können und zeigt Anwendungsszenarien von Wissensgraphen auf.

Archivportal-D, 4Memory Data Space und die Bedeutung von Volltexten

Historiker*innen brauchen für eine effiziente Forschung aggregierte Datensammlungen, die eine effiziente Suche und einen Zugriff auf Inhalte aus der Ferne erlauben.[1] So hat Jörg Wettlaufer auf diesem Historikertag die Frage beantwortet, welche Services die digitale Geschichtswissenschaft von den Gedächtnis- und Infrastruktureinrichtungen benötigt. Die Archive sind dank der

---

[1] Jörg *Wettlaufer*: Abstract zum Vortrag Welche Services braucht die digitale Geschichtswissenschaft von Bibliotheken, Archiven, Museen und Datenzentren? 2021. https://www.historikertag.de/Muenchen2021/sektionen/gedaechtnisinstitutionen-in-der-digitalen-welt-bibliotheken-museen-archive-und-die-geschichtswissenschaft (aufgerufen am 05.10.2022).

Etablierung des Archivportals-D[2] als zentralem Nachweissystem bzw. *Data-Hub* hier bereits gut aufgestellt. Aufbauend auf den beachtlichen Fortschritten bei der Digitalisierung von Findmitteln und auch bereits erzielter substanzieller Ergebnisse bei der Digitalisierung der Quellen selbst, kann die historische Forschung auf ein umfangreiches Datenangebot gebündelt zugreifen. Seit der Freischaltung des Archivportals-D 2014 wächst dieses Angebot kontinuierlich, sodass inzwischen ein die Archivsparten übergreifender deutschlandweiter Forschungsdatenpool bereitsteht. Aktuell finden sich 23,7 Millionen Erschließungsdatensätze aus 220 Archiven (Stand: Oktober 2021). Erklärtes Ziel ist es, perspektivisch einen möglichst vollständigen Nachweis der Erschließungsleistungen deutscher Archive zu erreichen, damit der Forschung ein umfassendes Rechercheinstrument zu Archivgut zur Verfügung gestellt werden kann.[3] Über die Anbindung an die Deutsche Digitale Bibliothek (DDB)[4] ist überdies ein nachhaltiges Betriebskonzept für das Archivportal genauso gegeben wie konkrete Weiterentwicklungsperspektiven. Diese sind derzeit insbesondere bei der Etablierung themenbezogener Suchmöglichkeiten zu verorten. Dem bereits etablierten sachthematischen Zugang zu Quellen der Weimarer Republik[5] folgen analog Themenportale zu kurpfälzischen Urkunden[6] sowie zu dem Themenkomplex Wiedergutmachung von NS-Unrecht[7]. Im Rahmen dieser projektförmig realisierten Themenzugänge im Archivportal werden in Kooperation mit dem FIZ Karlsruhe bereits Anwendungsprototypen etwa zur (teil-)automatisierten Verschlagwortung oder Handschriftenerkennung entwickelt. Es erscheint naheliegend, bei der Erprobung und Entwicklung innovativer Verfahren zur Prozessierung von Archivdaten auf der Aggregationsebene des Archivportals anzusetzen, anstatt bei der heterogenen Landschaft der jeweiligen Archiv-Fachinformationssysteme (AFIS). Eine gezielte Weiterentwicklung des Archivportals-D sowie der assoziierten Dienste und Werkzeuge wird damit die Basisausstattung unseres *digitalen Werkzeugkastens*.

---

[2] https://www.archivportal-d.de/ (aufgerufen am 05.10.2022). Allgemein zum Archivportal-D vgl. Daniel *Fähle* u.a.: Archivportal-D. Funktionalität, Entwicklungsperspektiven und Beteiligungsmöglichkeiten. In: Archivar 68, Heft 1 (2015) S.10–19.

[3] Im Unterschied zu den Ansätzen von „Schaufenster-Portalen", die in der Regel eine niedrigschwellige Präsentation von Highlight-Beständen bieten, aber für wissenschaftliche Recherchezwecke ungeeignet erscheinen.

[4] https://www.deutsche-digitale-bibliothek.de/ (aufgerufen am 05.10.2022).

[5] Aufbau einer Infrastruktur zur Implementierung sachthematischer Zugänge im Archivportal-D am Beispiel des Themenkomplexes *Weimarer Republik*, gefördert durch die DFG von 2017–2021, https://www.archivportal-d.de/themenportale/weimarer-republik (aufgerufen am 05.10.2022).

[6] Vgl. Artikel *Kurpfälzisches Urkundenprojekt in vier Bundesländern gestartet* (2022) auf der Website des Landesarchivs Baden-Württemberg: https://www.landesarchiv-bw.de/de/aktuelles/nachrichten/74266 (aufgerufen am 05.10.2022).

[7] Das Themenportal wurde vom Bundesministerium der Finanzen initiiert. Ziel ist es, einschlägige Aktenbestände des Bundes, der Länder und perspektivisch weiterer Stellen zusammenzuführen: https://www.archivportal-d.de/themenportale/wiedergutmachung (aufgerufen am 05.10.2022).

Auch beim Aufbau der Nationalen Forschungsdateninfrastruktur (NFDI), konkret dem bereits von Peter Haslinger in dieser Sektion vorgestellten Konsortium NFDI4Memory,[8] manifestiert sich die zentrale Bedeutung des Archivportals-D, indem es zu dessen Schlüsselangeboten (*Key Services*) zählt. Zu den Herausforderungen von 4Memory zählt die Schaffung eines gemeinsamen Datenraums (*Data Space*) – eines aus föderierten Infrastrukturen, Datenquellen und Diensten zu etablierenden digitalen Ökosystems der historisch arbeitenden Disziplinen: Wissenschaftlerinnen und Wissenschaftler sollen über Fach- und Repositoriengrenzen hinweg Quellen und assoziierte Daten finden können – Archivalien, wissenschaftliche Literatur aus Bibliotheken,

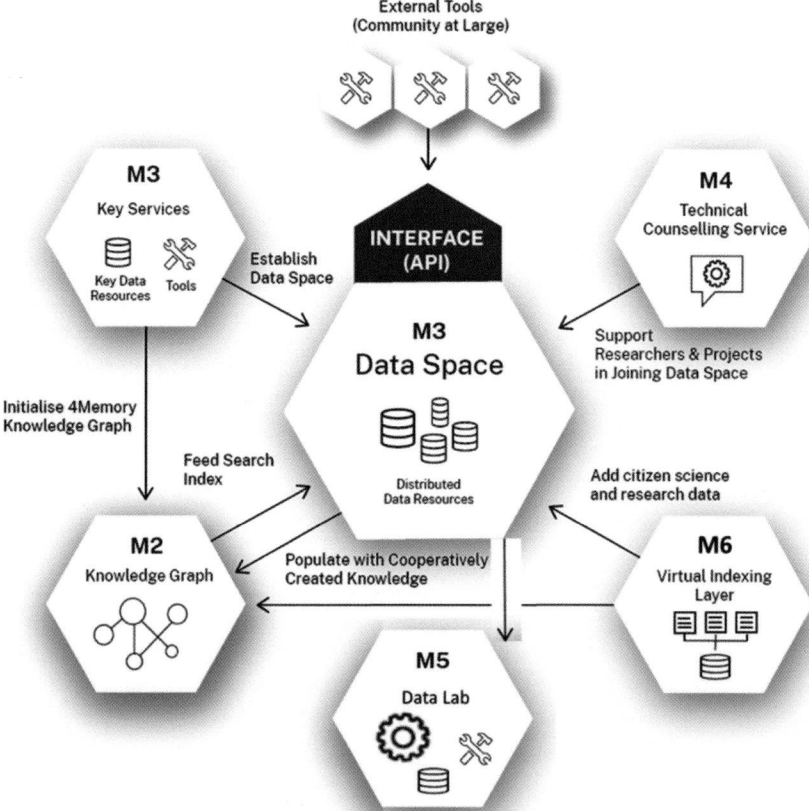

Abb. 1: Der *Data Space* von NFDI4Memory.

---

[8] Informationen zur NFDI-Konsortialinitiative der historisch arbeitenden Geisteswissenschaften: https://4memory.de/ (aufgerufen am 05.10.2022).

Informationen über Objekte aus Museen sowie weitere Forschungsdaten aus Projekten oder Spezialrepositorien. Ein überwölbender Wissensgraph (*Knowledge Graph*) wird neuartige Zugänge wie etwa eine explorative Recherche innerhalb des *Data Space* ermöglichen. Das ebenfalls im Rahmen von 4Memory zu realisierende *Data Lab* bietet Forschenden im Rückgriff auf den Datenraum eine Plattform für die Erforschung und Anwendung neuer Methoden des maschinellen Lernens, semantischer Annotation, fortgeschrittener OCR-Techniken etc.[9] Dem Netzwerk und Wirken des NFDI-Konsortiums 4Memory entlang des geplanten Arbeitsprogramms dürfte damit eine ganz wesentliche Rolle bei der Ausgestaltung des *digitalen Werkzeugkastens* zukommen.

Im Kontext von 4Memory, aber auch unabhängig davon, gewinnt ein Handlungsfeld für die Archive besondere Bedeutung: Es geht um die Frage, wie sich der Umfang der digital vorhandenen Erschließungsdaten substantiell und bedarfsgerecht erweitern lässt.[10] Die Auswertungsmöglichkeiten von Archivgut, häufig genug bereits schon die Auffindbarkeit, kranken an dem Grundproblem einer aus chronischem Personal- und Ressourcenmangel resultierenden flachen Erschließung. Nicht nur die digital Forschenden sind jedoch auf aussagekräftige Metadaten angewiesen, auch maschinelle Verfahren und Algorithmen benötigen als Ausgangspunkt eine umfangreichere Datenbasis. Um Abhilfe zu schaffen, muss der nächste große Ausbauschritt im Kontext einer forcierten Digitalisierung von Archivgut angegangen werden: die Generierung und Bereitstellung von Volltexten. Technologisch sind die einschlägigen Verfahren (OCR, HTR) zur optischen Zeichen- und Handschriftenerkennung inzwischen so weit vorangeschritten, dass deren Einsatz zunehmend alltagstauglich wird. Zweifellos dürfte die Erweiterung des Datenangebots um Volltexte, und seien es auch zunächst nur die Ergebnisse von *schmutziger OCR* für die Recherche, geradezu ein Quantensprung sein. Die Volltexte werden eine ideale Basis für qualifizierte Mining- und Auswertungsverfahren bieten, die die digitale Forschung dringend benötigt.

Datenqualität und Schnittstellen

Die angesprochene quantitative Ausweitung des Datenangebots von Archiven ist ein wichtiger Aspekt. Im Kontext unseres Themas erscheint jedoch die Art und Weise, wie die Daten bereitgestellt werden (müssen) mindestens als Frage von gleichem Gewicht. Welche Anforderungen ergeben sich an die Qualität der Primär- und der Erschließungsdaten? In welcher Form und Struktur müssen Daten vorliegen? Wie sollen Daten bereitgestellt werden? Eine wichtige Orien-

---

[9] Vgl. Fabian *Cremer* u. a.: Data meets history: A research data management strategy for the historically oriented humanities. In: Cultural Sovereignty beyond the Modern State. Hg. von Gregor *Feindt*, Bernhard *Gissibl* und Johannes *Paulmann* (Jahrbuch für Europäische Geschichte 21). Berlin/Boston 2021. S. 155–178.

[10] Daniel *Fähle*, Gerald *Maier* und Andreas *Neuburger*: Bereitstellung, Aufbereitung, Langzeitsicherung: Funktionen der Archive in der Forschungsdateninfrastruktur. In: Archivar 73 (2020) S. 13–18.

tierung bieten hier zunächst die FAIR-Prinzipien,[11] die als allgemeine Leitplanken zu den angesprochenen Fragen gelten können. Gute Datenqualität zeichnet sich demnach insbesondere durch standardisierte und maschinenlesbare (Meta-)Daten, die stringente Verwendung von Normdaten und kontrollierten Vokabularen, den Einsatz von gängigen Lizenzmodellen zur rechtssicheren Nachnutzung, persistente Identifikation als Basis von Zitierfähigkeit sowie die Implementierung von dokumentierten bzw. standardisierten Schnittstellen (Application Programming Interfaces – API) aus.

Werfen wir einen Blick auf den Status quo, so ist festzuhalten, dass einige Voraussetzungen durchaus schon erfüllt werden. Gerade die Entwicklungen rund um die übergreifenden Archivportale und die DDB haben eine tiefgreifende standardisierende Wirkung entfaltet. Mit der Etablierung der einschlägigen Lieferformate EAD(DDB) und METS/MODS, dem Einzug von UUIDs in archivische Fachinformationssysteme, einem bereits recht weitgehenden Rückgriff auf die verbreiteten Creative-Commons-Lizenzen[12] sowie einer inzwischen bemerkenswert hohen Dynamik bei der Verwendung und auch Produktion von Normdaten ist die Archivsparte auf einem guten Weg.

Defizite lassen sich vor allem bei der Bereitstellung von Daten ausmachen, wenn z. B. Images nur in unzureichender Qualität angeboten werden oder über den Einzeldownload hinaus keine Schnittstellen für automatisierte Datenabrufe existieren. Dies behindert die digitale Forschung mit Archivdaten erheblich. Denn nur über geeignete Wege des Datenabrufs lassen sich anwenderseitig individuell relevante Datensets bzw. Korpora für spezifische Forschungsfragen zusammenstellen und für Verfahren zur Extraktion von Informationen aus Images (Computer Vision, Text- und Mustererkennung) – wie sie im zweiten Teil dieses Beitrags von Harald Sack noch eingehend vorgestellt werden – heranziehen. Mit Blick auf die Datenbereitstellung lässt sich zumindest festhalten, dass über die DDB-API[13] die im Portal aggregierten Erschließungsinformationen (Metadaten) in verschiedenen Formaten sowie Derivate der zugehörigen Mediendateien (*Binaries*) maschinell abgerufen werden können. Doch die Bedarfe der digitalen Forschung sind inzwischen sehr viel weitergehender. Auf die Frage, in welcher Form genau die Daten benötigt werden, wird immer häufiger geantwortet: Zum einen am besten über Exportmöglichkeiten als semantisch codierte Metadaten, z. B. in RDF, zum anderen indem v. a. die Images über IIIF-Schnittstellen angeboten werden.[14] Beide Anforderungen sind durchaus voraussetzungsreich. Betrachten wir zunächst den Bedarf an semantischen Daten, dann erscheint die Übersetzung bzw. Transformation von beispielsweise EAD-Daten in RDF-XML als äußerst mühevolles Unterfangen. Erst wenn die Erschließungsinformationen bereits in den Erfassungssystemen semantisch modelliert vorliegen, sind hier Fortschritte zu erwarten. Die Entwicklung des neuen internationalen Erschließungsstandards Records in Contexts (RiC)[15] weist jedenfalls klar in diese Richtung. Archiv-

---

[11] FAIR als Akronym für *findable*, *accessible*, *interoperable* und *reusable*.
[12] https://creativecommons.org/licenses/ (aufgerufen am 05.10.2022).
[13] https://labs.deutsche-digitale-bibliothek.de/app/ddbapi/ (aufgerufen am 05.10.2022).
[14] https://iiif.io/ (aufgerufen am 05.10.2022).
[15] Vgl. https://www.ica.org/en/records-in-contexts-conceptual-model (aufgerufen am 05.10.2022).

daten sollen demnach nicht mehr ausschließlich der hierarchischen Struktur ihrer Provenienz-Zugehörigkeit entsprechen, sondern können diverse Relationen in unterschiedlichen Kontexten abbilden. Dies erfordert ein semantisches Datenmodell, wie es die RiC-Ontologie in der derzeit diskutierten Fassung widerspiegelt. Einer der ersten Versuche, den neuen Erschließungsstandard in einer Archivsoftware zu implementieren, wird im Rahmen des DFG-Projekts EEZU[16] unternommen. Dieses Vorhaben hat zum Ziel, eine einfache Erschließungssoftware für kleinere Archive zu realisieren. Hierdurch ist gewährleistet, dass nicht nur die großen Archiveinrichtungen mit den oben skizzierten Anforderungen Schritt halten können. EEZU wird auch IIIF-Schnittstellen bieten. Dieses API-Framework umfasst drei Schnittstellen – für Metadaten, Images und Präsentation – und ist auf gutem Wege, insbesondere bei der Bereitstellung von Digitalisaten zum internationalen Standard und mithin Garanten der vielgeforderten Interoperabilität zu werden. IIIF zeichnet sich durch eine sehr hohe Performanz aus, ermöglicht vor allem aber die anwenderseitige bzw. dezentrale Zusammenführung von Images aus unterschiedlichen Quellen und Ursprungssystemen in einem Viewer. Damit ergeben sich eine Vielzahl an innovativen Nutzungsmöglichkeiten in entsprechenden Applikationen, die über die bloße Anzeige weit hinausreichen und z. B. das Vergleichen, Annotieren, Transkribieren und Georeferenzieren ermöglichen.

Anwendungen und Kompetenzen

Über die skizzierten Handlungsfelder 1) Erweiterung der digitalen Datengrundlage für die Forschung und 2) Ausbau von Archiv-Fachinformationssystemen (AFIS) sowie Archivportalen zu zeitgemäßen Informationsinfrastrukturen werden die Voraussetzungen geschaffen, damit ein *digitaler Werkzeugkasten* überhaupt zum Einsatz kommen kann. Werfen wir nun einen genaueren Blick auf die Werkzeuge und Methoden, die zur Verfügung stehen, so lassen sich diese grobschematisch in verschiedene Anwendungsbereiche gruppieren:

- Analyse von Daten, die im Grunde jeder weiteren Verarbeitung vorausgehen muss
- Bereinigung und Strukturierung, um benötigte Datensets ggf. für die weitere Prozessierung aufzubereiten
- Extraktion, um notwendige Informationen aus den digitalen Daten zu gewinnen (Texterkennung, Bild- und Objekterkennung, Named Entity Recognition)
- Erweiterung und Anreicherung, um mittels geeigneter Verfahren zusätzliche Informationen zu gewinnen und Datenbasis wie grundlage zu verbessern (z. B. Entity Linking, Annotation, Georeferenzierung)
- Suche und Präsentation, um Daten und Informationen darzustellen, recherchierbar zu gestalten und auszuwerten (semantisches Information Retrieval, Visualisierung, Geoinformationssysteme)

---

[16] Vgl. https://www.fiz-karlsruhe.de/de/forschung/eezu (aufgerufen am 05.10.2022).

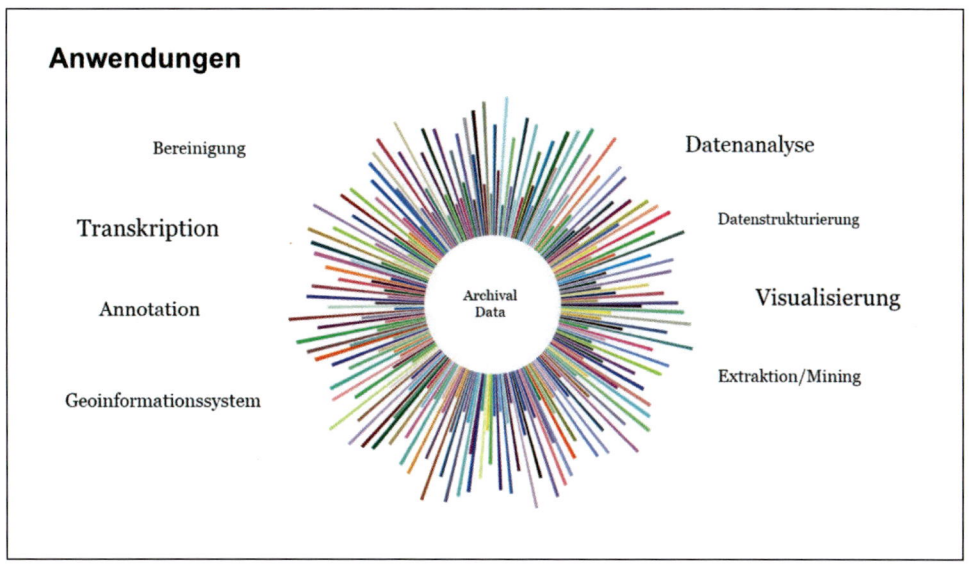

Abb. 2: Anwendungsbereiche.

Die relevanten Methoden und Tools sind dabei in der Regel nicht archivischer Provenienz, sondern entstammen ganz unterschiedlichen Kontexten und Disziplinen, z. B. der Informatik, Informationswissenschaft und Computerlinguistik. Nutzbar gemacht werden diese bisher vor allem von den Digital Humanities oder etwa im Rahmen der Digital History. Wie gelangen wir aber zu passgenau anwendbaren Werkzeugen für digitale Archivdaten? Indem die Bedarfe der digitalen Forschung zunächst ermittelt, dann geeignete Tools identifiziert und für den archivspezifischen Einsatz erprobt, ggf. angepasst und schließlich bereitgestellt werden. Die Archive allein, auch die leistungsfähigsten, werden das nicht in vollem Umfang leisten können, auch wenn es entsprechende Ansätze wie Forschungs- oder Datenlabore gibt.[17] Es ist zwingend nötig, sich mit Vertreterinnen und Vertretern der Forschung, der Digital Humanities und Datenwissenschaften bzw. der Informatik zu vernetzen. Auch mit Blick auf die Pflege, Weiterentwicklung und Interoperabilität des Werkzeugportfolios[18] bedarf es des Zusammenwirkens, sei es in kleineren Kooperationsprojekten oder in übergreifenden Konstellationen wie den NFDI-Konsortien.

Eine zentrale Voraussetzung für den Einsatz des *digitalen Werkzeugkastens* darf nicht unerwähnt bleiben: Neben dem unerlässlichen Infrastrukturaufbau und der damit verbundenen Aneignung von Kompetenzen auf Archivseite mit Blick auf die adäquate Bereitstellung von

---

[17] Das FDMLab des Landesarchivs Baden-Württemberg erprobt zum Beispiel Data-Science-Methoden und Techniken für den Einsatz im Archiv: https://fdmlab.ib2m.de/projekt/ (aufgerufen am 05.10.2022).

[18] Charakteristikum dieser Interoperabilität ist beispielsweise, dass die von einem Tool erzeugten Dateien auch in einem anderen Tool weiterverarbeitet werden können.

Archivdaten, werden auf der anderen Seite auch die Forscherinnen und Forscher die Kompetenz benötigen, mit den bereitgestellten Daten umzugehen und digitale Werkzeuge anwenden zu können. Hierzu wird es erforderlich sein, *Data Literacy*[19] als künftige Schlüsselkompetenz für Historikerinnen und Historiker zu stärken, vielleicht sogar als neue Hilfswissenschaft anzuerkennen. Archive können hier zwar einen Beitrag z. B. über Dokumentationen und Schulungsformate leisten, letztlich werden aber substanzielle Fortschritte nur durch entsprechende Lehrangebote an den Hochschulen zu erreichen sein.

Wissensextraktion von historischen Forschungsdaten

Automatisierte Verfahren zur Wissensextraktion aus historischen Forschungsdaten, z. B. Akten und Archivdokumenten, werden meist in Form einer Verarbeitungspipeline implementiert. Vorverarbeitung, Datenaufbereitung, unterschiedliche Analyseverfahren und gegebenenfalls Nachverarbeitung werden schrittweise und vielfach aufeinander aufbauend in konsekutive Einzelschritte unterteilt, um so eine effizientere Parallelisierung der Verarbeitung von *Massendaten* zu gewährleisten. Die folgenden für die Wissensextraktion aus historischen Forschungsdaten relevanten Verfahren und Werkzeuge sollen hier kurz vorgestellt werden:

- *Optical Character Recognition* (OCR)
- visuelle Analyseverfahren
- Sprachmodelle (Large Language Models, Foundation Models)
- Wissensrepräsentation von Archivdaten, und -prozessen
- Ontologien, Wissensgraphen und Normdaten

Optical Character Recognition

Am Beginn der eigentlichen Wissensextraktion aus Akten und Archivdokumenten steht zunächst die Digitalisierung, i. e. die Überführung der ursprünglich meist analogen Dokumente in eine digitale Form, z. B. durch Fotografie oder Scan. Dabei liegen die Dokumente zunächst in Form unstrukturierter Bilddaten vor, die im Folgeschritt verschiedenen visuellen Analysen unterzogen werden können. Textinhalte werden dabei über *Optical Character Recognition* (OCR) analysiert und transkribiert. Meist erfordern die untersuchten Akten und Archivdokumente aufgrund ihrer Ausprägung und inhaltlichen Darstellung spezielle Herangehensweisen, um handelsübliche OCR-Verfahren erfolgreich einsetzen zu können. Formulare mit unterschiedlichem Layout, teils mit Fließtexten, Tabellen oder strukturierten Datenerfassungsfeldern erfordern spezielle Verfah-

---

[19] Definition nach Chantel Ridsdale: [...] *the ability to collect, manage, evaluate, and apply data in a critical manner*. Vgl. Chantel *Ridsdale* u. a.: Strategies and Best Practices for Data Literacy Education Knowledge Synthesis Report. Halifax 2015.

ren zur Layout-Analyse, um zusammenhängende Textregionen korrekt erfassen zu können. Unterschiedliche gedruckte Schriftarten und -typen auf den Dokumenten liegen oft zusammen mit maschinengeschriebenen Texten und handschriftlichen Passagen ergänzt vor. Dazu können noch Stempel, Unterschriften, Bemerkungen und Sichtvermerke auftreten.

Zuverlässige OCR erfordert speziell auf Archivbedürfnisse angepasste und trainierte Modelle. Dabei ist es allgemein unwahrscheinlich, dass ein einzelnes trainiertes Modell den Anforderungen der verschiedenen Inhaltsvarianten gerecht werden kann. Heterogene Archivdokumente lassen sich nach vorgegebenen inhaltlichen Kriterien automatisiert gruppieren (*clustern*) beziehungsweise in unterschiedliche Inhaltstypen (gedruckter Text, Handschriften, Stempel, etc.) separieren, die dann getrennt einer Weiterverarbeitung durch ein speziell angepasstes Modell zugeführt werden können, um so die Qualität der erzielten Transkriptionsergebnisse zu verbessern.[20]

Visuelle Analyseverfahren

Deep Learning Verfahren haben die visuelle Analyse von Bildinhalten in der vergangenen Dekade enorm verbessern können. Auf diese Weise lassen sich Objekte in historischen Bildern und Fotografien identifizieren oder bildbeschreibende Zusammenfassungen in Textform generieren. Eine potentielle Fehlerquelle liegt dabei in der den Bilderkennungsverfahren zugrunde liegenden Trainingsdaten, die vielfach aus zeitgenössischen, webbasierten Korpora gewonnen werden und damit ein diachrones Ungleichgewicht (Bias) aufweisen. Die mit zeitgenössischen Daten vortrainierten Modelle werden im Archivkontext auf historisches Bildmaterial angewandt und resultieren oft in diachronen Fehlklassifikationen, wie der fehlerhaften Identifikation von modernen elektronischen Geräten oder Sportgeräten in historischem Bildgut.[21]

Abb. 3: Diachrone Fehlidentifikation eines Skateboards in einer mittelalterlichen Illustration.[22]

---

[20] Vgl. Mahsa *Vafaie* u. a.: Handwritten and Printed Text Identification in Identification in Historical Archival Documents. In: Proceedings of Archiving Conference 19 (2022) S. 15–20, https://doi.org/10.2352/issn.2168-3204.2022.19.1.4 (aufgerufen am 07.12.2022).

[21] Vgl. Harald *Sack*: Ein Skateboard für den Papst oder Warum es maschinelles Lernen ohne Semantik so schwer hat. Netzwerk maschinelle Verfahren in der Erschließung, Deutsche Nationalbibliothek, Frankfurt, 11. Oktober 2019.

[22] Heinrich IV (1050–1106) bittet Markgräfin Mathilde von Tuszien und seinen Taufpaten Abt Hugo von Cluny um Vermittlung; Vita Mathildis des Donizio, um 1115. Vatikanstadt, Bibliotheca Apostolica Vaticana, Ms. Vat. lat. 4922, fol. 49 v.

Sprachmodelle (*Large Language Models, Foundation Models*)

Sprachmodelle ermöglichen die Repräsentation natürlicher Sprache in einem statistischen Modell. Statistische Kookkurrenz von Wörtern, Wortfolgen und ganzen Sätzen erlaubt implizite Rückschlüsse auf semantische Ähnlichkeit und Bezugnahme. Worte, Wortfolgen, Sätze, bis hin zu ganzen Dokumenten lassen sich als Vektor in einem niedrigdimensionalen Vektorraum darstellen, wobei semantische Ähnlichkeiten und Bezugnahme über einfache Vektoroperationen zugänglich gemacht werden.[23] Über sogenanntes *Transfer Learning* werden moderne Sprachmodelle mit Hilfe gigantischer, oft aus dem World Wide Web gewonnener, Textkorpora ohne direkte Supervision trainiert (*Self-supervised Pre-Training*) und lassen sich auf einfache Weise an spezielle Aufgabenstellungen, z. B. Textklassifikation, *Keyword Extraction*, Textzusammenfassung, Entitätenerkennung und Identifikation, oder die Beantwortung sachbezogener Fragen anpassen (*Finetuning*).[24] In den vergangenen fünf Jahren haben die verfügbaren Sprachmodelle zunehmend an Komplexität und Leistungsfähigkeit gewonnen. Jedoch bleibt zu berücksichtigen, dass – trotz beeindruckender Ergebnisse – eine explizite Kontrolle der damit erzielten Ergebnisse vollständig automatisiert aktuell nicht möglich ist und oft den Menschen als Kontrollinstanz erfordert.

Wissensrepräsentation von Archivdaten und -prozessen

Die im vorangegangenen Absatz behandelten Sprachmodelle repräsentieren das in ihnen vorhandene Wissen nur in impliziter, subsymbolischer Form. Diese vom *Deep Learning* geprägte Form der Wissensrepräsentation wird in der künstlichen Intelligenz durch symbolische Wissensrepräsentationstechniken, z. B. symbolische Logiken, Inferenz- und Schlussfolgerungstechniken und Ontologien ergänzt. Während subsymbolische KI-Techniken im Bereich des (maschinellen) Lernens brillieren, sind ihre Fähigkeiten zur Abstraktion sehr beschränkt. Umgekehrt verhält es sich mit symbolischen KI-Techniken. Ontologien als explizite Wissensrepräsentationen basieren auf unterschiedlich ausdrucksstarken mathematischen Logiken und ermöglichen das Schlussfolgern von implizit verborgenem Wissen und damit die Generierung neuen Wissens. Um diese Möglichkeiten z. B. zum Zweck der Datenintegration im Archivbereich nutzen zu können, ist es erforderlich, sowohl die im Archivgut enthaltenen Informationen als auch die Archivorganisation selbst sowie die darauf bezogenen Archivprozesse mit Hilfe von Ontologien und Wissensgraphen zu

---

[23] Vgl. Jacob *Devlin* u. a.: BERT: Pre-training of Deep Bidirectional Transformers for Language Understanding. In: Proceedings of the Conference of the North American Chapter of the Association for Computational Linguistics (2019), Human Language Technologies, Band 1 (Long and Short Papers), Minneapolis, Minnesota, Association for Computational Linguistics. S. 4171–4186.

[24] Vgl. Tom B. *Brown* u. a.: Language models are few-shot learners. In: Proceedings of the 34th International Conference on Neural Information Processing Systems (NIPS'20). Curran Associates Inc., Red Hook, New York 2020. Artikel 159. S. 1877–1901.

repräsentieren.[25] Die bereits erwähnte *Records in Context Ontologie* (RiC-O) oder die zur Repräsentation von Provenienzinformationen verwendete PROV Ontologie (PROV-O)[26] bieten schon erste Ansätze zur Wissensrepräsentation von Archivdaten. Dynamische Prozesse und Vorgänge im Archiv, wie Veränderungen und Anpassungen der Systematik, können über die *Archive Dynamics Ontology* (ArDO)[27] repräsentiert werden.

Ontologien, Wissensgraphen und Normdaten

Um Archivdokumente explizit mit semantischen Informationen zu annotieren, müssen semantische Entitäten, z. B. Personen, Orte und Ereignisse, sowie zugehörige Informationen in diesen Dokumenten erkannt und identifiziert werden. Über die Verknüpfung dieser Informationen mit fachbezogenen Ontologien und Normdaten entstehen Wissensgraphen, die die im Archivgut enthaltenenInformationen semantisch repräsentieren und damit für moderne Such- und Explorationstechniken zugänglich machen (siehe auch Abschnitt *Angewandte Wissensgraphen*). Ontologien formalisieren die Bedeutung der durch sie repräsentierten Konzepte und Relationen. Wissensgraphen verknüpfen Bedeutungsinhalte auf der Basis dieser Ontologien. Normdaten bilden dabei eine traditionelle Referenzbasis in Form kontrollierter Vokabulare und strukturierter Daten. Im Zusammenspiel miteinander verknüpft bilden Ontologien, Wissensgraphen und Normdaten die Basis zur effizienten Umsetzung der FAIR-Prinzipien für Archivdaten und historische Forschungsdaten.

Angewandte Wissensgraphen

In den folgenden Abschnitten werden beispielhaft Anwendungsszenarien für historische Forschungsdaten basierend auf dem Einsatz von Wissensgraphen vorgestellt.

---

[25] Vgl. Mahsa *Vafaie* u. a.: Modelling Archival Hierarchies in Practice: Key Aspects and Lessons Learned. In Proceedings of the 6th International Workshop on Computational History (Histoinformatics2021), co-located with JCDL2021. CEUR workshop proceedings, Band 2981 (2021), http://ceur-ws.org/Vol-2981/paper6.pdf (aufgerufen am 07.12.2022). – Vgl. Oleksandra *Bruns* u. a.: Towards a Representation of Temporal Data in Archival Records: Use Cases and Requirements. In: Proceedings of the International Workshop on Archives and Linked Data (LinkedArchives), co-located with the 25th International Conference on Theory and Practice of Digital Libraries (TPDL 2021), CEUR workshop proceedings 3019. S. 128–134, http://ceur-ws.org/Vol-3019/ (aufgerufen am 07.12.2022).

[26] PROV-O, the PROV Ontology, https://www.w3.org/TR/prov-o/ (aufgerufen am 07.12.2022).

[27] Vgl. Oleksandra *Vsesviatska* u. a.: ArDO: An Ontology to Describe the Dynamics of Multimedia Archival Records. In: Proceedings of the 36th ACM/SIGAPP Symposium On Applied Computing (ACM SAC 2021). S. 1855–1863. DOI: https://doi.org/10.1145/3412841.3442057 (aufgerufen am 07.12.2022).

Zusammenspiel symbolischer und subsymbolischer KI

Wie bereits erläutert werden die oft beeindruckenden Ergebnisse moderner *Deep Learning*-Verfahren geschmälert, bedingt durch ihre mangelnde Zuverlässigkeit, die ihren Einsatz im wissenschaftlichen Kontext oft fragwürdig erscheinen lassen. Obwohl *Deep Learning* Modelle innerhalb eng fokussierter, spezieller Anwendungsbereiche, wie der zuverlässigen Identifikation von Krebszellen auf der Basis visueller Analyse, den Menschen in seiner Urteilsfähigkeit übertreffen,[28] scheitern diese oft an allgemeineren oder weiter gefassten Aufgabenstellungen, z.B. der korrekten Beschreibung von Bildinhalten in historischen Gemälden. Um inhaltlichen Fehlern oder Fehlklassifikationen vorzubeugen, können diese subsymbolischen KI-Technologien durch Wissensrepräsentationsverfahren der klassischen symbolischen KI ergänzt werden. Mit Hilfe von Wissensrepräsentationen in Form von Ontologien oder Regeln können inhaltliche logische Inkonsistenzen aufgedeckt und die betreffenden Ergebnisse in Zweifel gezogen werden. Ein Beispiel dazu liefert die im folgenden Abschnitt vorgestellte Überprüfung von Objektidentifikationsergebnissen aus der visuellen Analyse. Neben dem Aufdecken logischer Inkonsistenzen in Klassifikationsergebnissen können von *Deep Learning*-Verfahren generierte Texte auch mit bekannten Fakten aus Wissensgraphen verglichen werden. Widerspricht ein generierter Text den in einem Wissensgraphen repräsentieren Fakten, heißt das nicht unbedingt, dass diese Fakten zwangsläufig falsch sind. Diese Beurteilung könnte in einem Folgeschritt durch menschliche Experten und Expertinnen erfolgen, die gegebenenfalls den zugrunde liegenden Wissensgraphen inhaltlich ergänzen könnten.

Korrektur visueller Analyseverfahren

Ausgehend von der in Abb. 3 dargestellten Fehlidentifikation eines Skateboards in einer mittelalterlichen Handschrift, können zur Überprüfung der erzielten Objektergebnisse die zum Bild zugehörigen Metadaten in Kombination mit einer öffentlich zugänglichen Wissensbasis eingesetzt werden. Aus den Metadaten des betreffenden Bildes konnte das Entstehungsdatum mit dem Jahr 1115 ermittelt werden. Die erkannten Objekte im Bild, z.B. „Person" und „Skateboard", werden über *Entity Linking* mit den korrespondierenden Entitäten aus der Wissensbasis Wikidata verknüpft. Aus den darin vorhandenen Fakten zu den identifizierten Entitäten kann ermittelt werden, dass Skateboards seit den 1950er Jahren bekannt sind (vgl. Abb. 4). Eine entsprechende einfache logische Regel zur Überprüfung der in einem historischen Bild identifizierten Objekte sollte daher prüfen, ob die mit den identifizierten Objekten in einer externen Wissensbasis referenzierten Entstehungs-, Entdeckungs- oder Lebenszeiten mit der Entstehungszeit des zugrunde

---

[28] Vgl. Diego *Ardila* u. a.: End-to-end lung cancer screening with three-dimensional deep learning on low-dose chest computed tomography. In: Nature Medicine 25 (2019). S. 954–961, https://doi.org/10.1038/s41591-019-0447-x (aufgerufen am 07.12.2022).

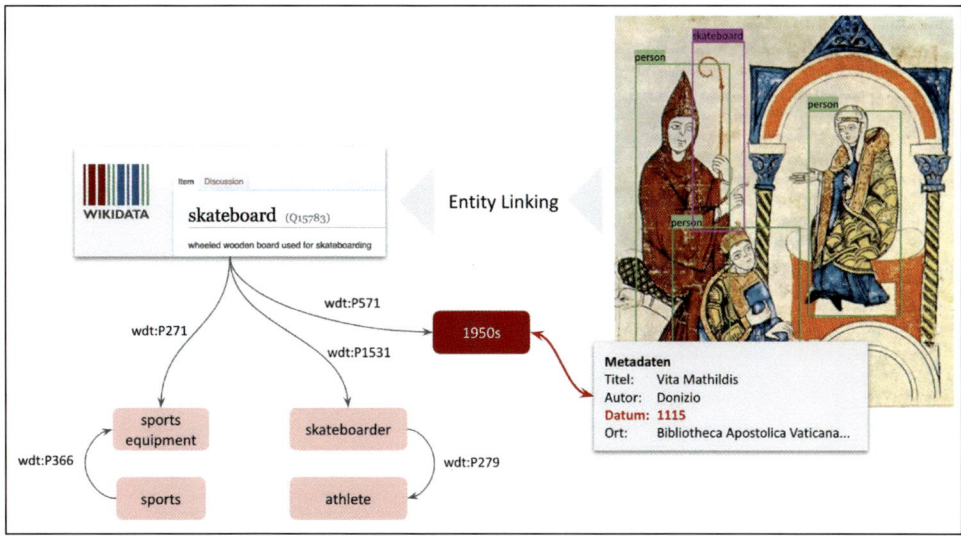

Abb. 4: Einsatz symbolischer Wissensrepräsentation zur Identifikation von logischen Inkonsistenzen in den Ergebnissen einer auf *Deep Learning* basierten visuellen Bildanalyse.

liegenden Bildes im Einklang steht; d.h. dass kein erkanntes Bildobjekt erst nach der durch die Metadaten belegten Entstehungszeit des Bildes existieren kann. In formalisierter Form lässt sich diese Regel durch einen sogenannten *Reasoner*, eine Software zum allgemeinen Ziehen logischer Schlussfolgerungen, überprüfen[29].

Semantische Suche

Moderne Informationssysteme bieten meist eine textbasierte Suche über den in ihnen repräsentierten Dokumentenbestand an. In den meisten Fällen basiert diese Suche auf einem syntaktischen Vergleich der in den Dokumentenmetadaten oder -inhalten vorhandenen Texte mit einer vom Benutzenden eingegebenen textuellen Suchphrase. Semantische Ähnlichkeiten oder Beziehungen zwischen den in den Texten und Suchphrasen repräsentierten Entitäten sowie Ambiguitäten, Synonyme oder Umschreibungen werden in traditionellen Informationssystemen nicht berücksichtigt. In der semantischen Suche wird zusätzlich zum traditionellen Textindex auch ein semantischer Index erzeugt, der die im Text enthaltenen Entitäten inklusive semantischer Relationen, wie hierarchische Ordnung oder Klassenzugehörigkeit, bereitstellt. Dieser semantische Index basiert meist auf einem Wissensgraphen, der die im Retrievalprozess erzielten Ergebnisse noch

---

[29] Vgl. Harald *Sack*, wie Anm. 21.

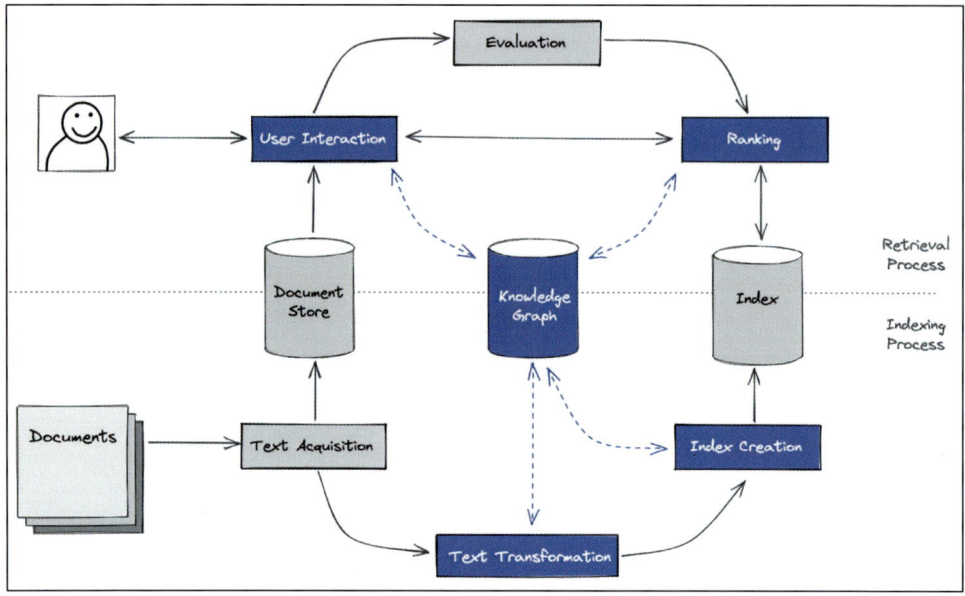

Abb. 5: Semantisches *Information Retrieval* als Grundlage der semantischen Suche auf der Basis von Wissensgraphen.

durch weitere suchbezogene Fakten ergänzen kann bzw. direkt auch für die Beantwortung von Sachfragen (*Question Answering*) verwendet werden kann (vgl. Abb. 5).

Des Weiteren wird das Ranking der erzielten Suchergebnisse über den zugrunde liegenden Wissensgraphen gesteuert, indem semantische Ähnlichkeiten und Beziehungen zwischen Suchphrasen und Dokumenteninhalten miteinander in Bezug gesetzt werden können.[30] Zusätzlich können inhaltsbasierte Suchfacetten generiert werden, die über eine entsprechende Filterung im Rahmen der Benutzendenschnittstelle eine detaillierte Exploration der Suchergebnisse gestatten.[31]

Im Mittelpunkt einer semantischen Suche stehen semantische Entitäten (*Things not Strings.*), wie Personen, Objekte, Ereignisse, Orte, etc. Die entitätenzentrierte semantische Suche verbindet eine zielgenaue Suche in Dokumenten, die die betreffende Entität enthalten oder beschreiben mit

---

[30] Vgl. Jörg *Waitelonis*, Claudia *Exeler* und Harald *Sack*: Linked Data Enabled Generalized Vector Space Model To Improve Document Retrieval. In: Proceedings of 3rd Int. Workshop on NLP&DBpedia 2015, co-located with ISWC 2015, CEUR workshop proceedings 1581 (2015) S. 33–44, https://nlpdbpedia2015.files.wordpress.com/2015/08/nlpdbpedia_2015_submission_7.pdf (aufgerufen am 07.12.2022).

[31] Vgl. Claudia *Exeler*, Jörg *Waitelonis* und Harald *Sack*: Linked Data Annotated Document Retrieval, Poster & Demo Track. In: Proceedings of 14th Int. Semantic Web Conference 2015 (ISWC 2015), CEUR Workshop proceedings 1486 (2015), http://ceur-ws.org/Vol-1486/paper_109.pdf (aufgerufen am 07.12.2022).

einer ähnlichkeitsbasierten Suche. Dabei steht die semantische Ähnlichkeit einer im Suchfokus stehenden Entität mit z. B. über- oder untergeordneten Konzepten, nahe verwandten Konzepten oder aber auch mit Konzepten, die im engen Bezug dazu stehen, im Vordergrund und ergänzt die direkten (exakten) Suchergebnisse mit diesen naheliegenden Ergebnissen.[32]

Explorative Suche

Auf der Grundlage der bereits beschriebenen semantischen Suche lässt sich eine zielgerichtete explorative Suche des einem Informationssystem zugrunde liegenden Dokumentenbestands realisieren. Explorative Suche ist, im Gegensatz zur traditionellen Websuche, oft dadurch gekennzeichnet, dass das finale Suchziel im Sinne eines bestimmten, eventuell bereits bekannten Dokuments, zu Beginn einer Suche nicht vorliegt.[33] Oft müssen sich Suchende zunächst einen Einblick in eine bislang noch unbekannte Domäne verschaffen, um eine bestimmte Suchintention ausdrücken zu können, z. B. weil das benötigte Fachvokabular fehlt. In diesem Kontext spielen weiterführende gezielte Suchempfehlungen sowie Visualisierungen des Dokumentenbestands und eventueller Sachzusammenhänge eine entscheidende Rolle.[34]

Ein Beispiel einer Implementierung eines Werkzeugs zur explorativen Suche in Wordpress Content Management Systemen ist *refer.cx*,[35] das als frei verfügbares Wordpress Plug-in realisiert wurde und die semantische Annotation und interaktive Visualisierung von Entitäten sowie deren Zusammenhänge in Blogbeiträgen ermöglicht.[36] Abb. 6 zeigt die Visualisierung möglicher Zusammenhänge zwischen Gottfried Wilhelm Leibniz und René Descartes auf der Grundlage der *DBpedia*-Wissensbasis und der in der Beispielanwendung verwalteten Blogbeiträge zur Wissenschaftsgeschichte.[37]

---

[32] Vgl. Harald *Sack*: The Journey is the Reward – Towards New Paradigms in Web Search, invited keynote at 18th Int. Conf. on Business Information Systems 2015 (BIS 2015). In: Lecture Notes in Business Information Processing 228. Hg. von Witold *Abramowicz*. Cham u. a. 2015. S. 15–26.

[33] Vgl. Gary *Marchionini*: Exploratory search: from finding to understanding. Communications of the ACM 49, 4 (2006) S. 41–46, https://doi.org/10.1145/1121949.1121979 (aufgerufen am 07.12.2022).

[34] Vgl. Jörg *Waitelonis* und Harald *Sack*: Towards exploratory video search using linked data,. In: Multimedia Tools and Applications 59,2 (2012) S. 645–672, DOI: 10.1007/s11042-011-0733-1.

[35] refer.cx Web page, https://refer.cx/ (aufgerufen am 07.12.2022).

[36] Vgl. Tabea *Tietz* u. a: Semantic Annotation and Information Visualization for Blogposts with *refer*. In: Proceedings of 2nd. Int. Workshop on Visualization and Interaction for Ontologies and Linked Data 2016, co-located with ISWC 2016, Band 1704 (2016) S. 28–40, http://ceur-ws.org/Vol-1704/ (aufgerufen am 07.12.2022).

[37] Vgl. Harald *Sack*: Let us Calculate – the last Universal Academic Gottfried Wilhelm Leibniz, SciHi Blog – daily blog on science, technology, and art in history, 2018, http://scihi.org/universal-academic-gottfried-wilhelm-leibniz/ (aufgerufen am 07.12.2022).

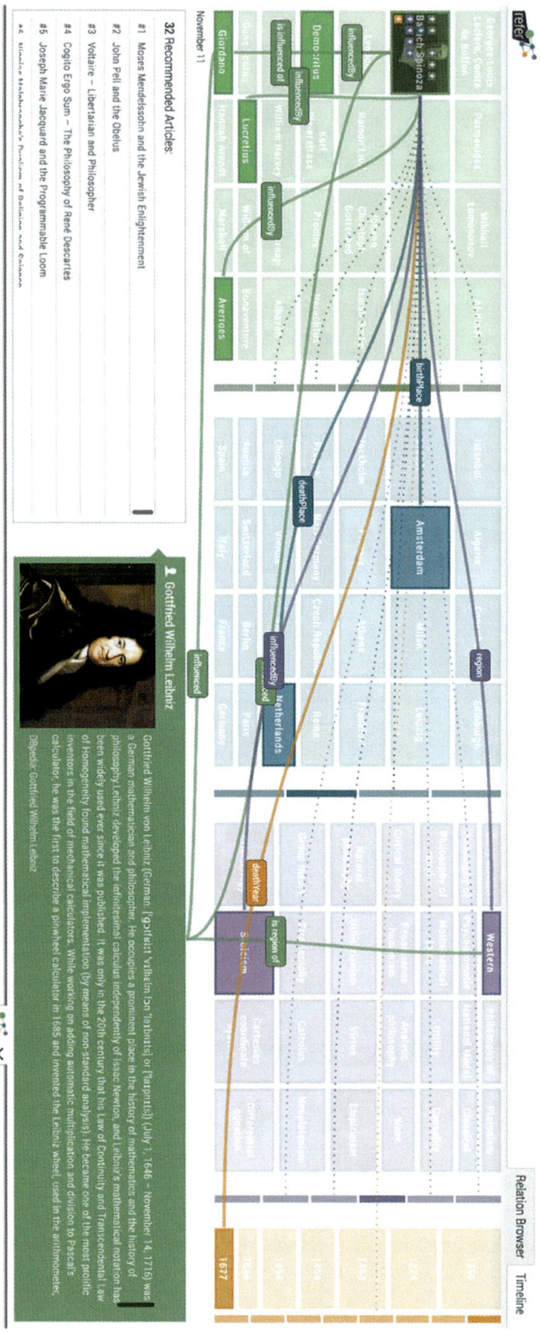

Abb. 6: Explorative Suche am Beispiel des refer.cx Wordpress PlugIns im SciHi Blog – daily blog on science, technology, and art in history.

Zusammenfassend lässt sich festhalten, dass die zukünftige digitale Forschung im Archivbereich maßgeblich von der Bereitstellung digitalisierter und originär digitaler Quellen sowie der Entwicklung innovativer Werkzeuge und Methoden für Analyse und Anreicherung dieser Daten abhängt. Dabei stellen die Erweiterung des Datenangebots, die Verbesserung der Datenqualität und die Optimierung der Bereitstellungskanäle entscheidende Handlungsfelder dar.

Themenportal „Wiedergutmachung nationalsozialistischen Unrechts" – neue Kooperationsmöglichkeiten und archivische Herausforderungen

Von Mirjam Sprau und Tobias Herrmann

Rahmenbedingungen

Die vom Bundesministerium der Finanzen (BMF) initiierten Maßnahmen zur Intensivierung der historischen Auseinandersetzung mit der *Wiedergutmachung nationalsozialistischen Unrechts* umfassen eine Reihe groß angelegter Digitalisierungs- und Erschließungsprojekte sowie die Zusammenführung der archivischen Überlieferung in einem Themenportal des Archivportal-D (APD). Das BMF spricht dabei von der *Transformation der Wiedergutmachung* als einem Vorhaben, das über die Aufarbeitung aller politischen Entscheidungen, internationalen Abkommen sowie der finanziellen Leistungen der *Wiedergutmachung* (maßgeblich der Entschädigungs- und Rückerstattungsleistungen) hinaus auch die Auseinandersetzung mit den nationalsozialistischen Verbrechen aus neuer Perspektive verstärkt.

Diese Aufgabe ist mit einer ganzen Reihe von Herausforderungen verbunden. Clemens Rehm beschreibt in seinem Beitrag die Schwierigkeiten, den historischen Gegenstand zu greifen – was umfasst eigentlich *Wiedergutmachung* aus Sicht der Überlieferungsbildung? –, sowie die archivrechtlichen Problematiken, die mit dem Zugang zu der Vielzahl personenbezogener Unterlagen verbunden sind. Weitere Herausforderungen liegen im organisatorischen und archivfachlichen Bereich – bei der Suche nach angemessenen Lösungen für eine zeitgemäße und professionelle Bereitstellung für nationale und internationale Nutzergruppen aus den Bereichen Forschung, Genealogie, politische Bildung und Öffentlichkeitsarbeit. Gemeinsam mit dem BMF hat die Archivwelt in den letzten Jahren Rahmenbedingungen geschaffen, die eine Bearbeitung der vielen offenen Fragen und Aufgaben ermöglichen. Dazu gehört eine vertragliche Basis zur Zusammenarbeit zwischen dem BMF und den staatlichen Archiven. Die gemeinsam erarbeitete *Rahmenvereinbarung über die Bereitstellung von digitalen Inhalten für ein ‚Themenportal Wiedergutmachung'* zwischen Bund und Ländern erlaubt es den einzelnen Landesarchiven und dem Bundesarchiv, eigene Digitalisierungs- und Erschließungsprojekte mit dem BMF zu vereinbaren, die auf einer einheitlichen und vergleichbaren Grundlage fußen. Die feierliche Unterzeichnung dieser Rahmenvereinbarung ist für den 1. Juni 2022 geplant.

Begleitet wurde der Prozess ihrer Ausarbeitung von einer eigens geschaffenen AG *Wiedergutmachung* der Konferenz der Leiterinnen und Leiter der Archivverwaltungen des Bundes und der Länder (KLA), unter der Leitung der Generaldirektion der Staatlichen Archive Bayerns. Diese KLA-AG hat darüber hinaus Projektstandards für die in diesem Rahmen geförderten Projekte entwickelt, die die Rahmenvereinbarung konkretisieren und den Landesarchiven eine Richtlinie an die Hand geben. Die KLA-AG ist zudem der Ort eines offenen Austausches über Fragen der Überlieferungsbildung und Öffentlichkeitsarbeit zur *Wiedergutmachung* sowie über geplante Anträge beim BMF. Eine eigens geschaffene Unter-AG *Erschließung* entwickelt mit detailliertem Blick auf die verschiedenen Aktentypen (zu personenbezogenen Unterlagen) Sets von Metadaten, die im Laufe der Jahre eine weitgehend einheitliche Erschließung der auf mehrere Landesarchive verteilten Überlieferung sicherstellen sollen. Dies ist die Voraussetzung für eine archivübergreifende Recherche in personenbezogenem Archivgut in einem Portal.

Die archivfachliche Zusammenarbeit, die hier über die Daueraufgabe *Wiedergutmachung* ermöglicht wird, bleibt zunächst auf die westdeutschen Landesarchive beschränkt. Dies hat seine Ursache in den unterschiedlichen Strategien der beiden deutschen Staaten. Das, was wir heute als materiellen Ausgleich, als deutsche *Wiedergutmachungszahlungen* beschreiben, war ein westdeutscher Ansatz, der die Bereiche *Entschädigung* und *Rückerstattung* sowie eine Reihe internationaler Verträge umfasste. Die hierbei entstandene Überlieferung ist naturgemäß eine westdeutsche. Ein erweiterter, akteurszentrierter Blick auf zeit- und systemgebundene Verständnisse von *Wiedergutmachung*, der im Rahmen des geplanten Themenportals eingenommen wird, soll diese Engführung erweitern, sodass auch der fachliche Austausch mit den ostdeutschen Landesarchiven fruchtbar für das gesamte Thema aufgenommen werden kann. Schließlich ist hier nicht nur die Überlieferungsbildung zu den Unterstützungsmaßnahmen für die als politische Kategorie betrachteten *Verfolgten des Naziregimes*, sondern auch das Archivgut zu den gesamtdeutschen *Wiedergutmachungsleistungen* seit der Wiedervereinigung zu betrachten. Perspektivisch soll ein vom BMF eingesetzter Koordinierungsrat die archivischen Schwerpunktsetzungen der *Transformation der Wiedergutmachung* bestimmen und dabei auch die Priorisierung von Digitalisierungs- und Erschließungsprojekten begleiten.

Anlage des Archiv-Portals

Unterdessen ist an vielen Stellen die Arbeit bereits aufgenommen worden. Im Landesarchiv Baden-Württemberg (LABW) konnte die erste Phase eines Pilotprojektes zur Digitalisierung und zum Einsatz von Künstlicher Intelligenz bereits abgeschlossen werden; mit dem Bundesarchiv wurden die Weichen für ein großangelegtes Projekt in der Abteilung Bundesrepublik gestellt. Die mit dem BMF geschlossene Verwaltungsvereinbarung sieht Digitalisierungen und Tiefenerschließungen der zentralen Überlieferung u. a. aus den Beständen des Bundeskanzleramtes, des Bundesministeriums der Finanzen, des Bundesministeriums des Innern sowie aus dem Bereich der Kriegsfolgen in den Beständen des Lastenausgleichsarchivs vor.

Eine weitere Verwaltungsvereinbarung befindet sich schon in der Umsetzung. Das BMF hat das Bundesarchiv mit der konzeptionellen Entwicklung eines gemeinsamen Themenportals für die *Transformation der Wiedergutmachung* – für die archivischen Inhalte wie für Angebote der historischen Bildungsarbeit – beauftragt und dafür sechs Stellen geschaffen: Jeweils einen höheren und einen gehobenen Dienst für die archivischen Inhalte und die technische Konzeption des

Portals, eine Stelle im höheren Dienst für historische Inhalte und eine Stelle zur Unterstützung beim Projektmanagement, begleitet von einer Aufgabengebietsleitung aus den Eigenmitteln des Bundesarchivs. Das Team hat zum 1. Juli 2021 die Arbeit aufgenommen, bildet aber nur einen Teil der am Aufbau des Themenportals beteiligten Akteure. Konzipiert wurde das Portal als Teil des Archivportal-D (APD) und damit als thematisches Subportal der großangelegten Infrastruktur zur Bereitstellung von Archivgut innerhalb der Deutschen Digitalen Bibliothek (DDB), die bereits jetzt viele Hunderte Archive unter einem Dach vereint. Als *Product Owner* für das APD fungiert das Landesarchiv Baden-Württemberg, dem das BMF u. a. für die zahlreichen Erweiterungen des Hauptportals, die mit der Einrichtung des Themenportals einhergehen, Personal finanziert. Verschiedene Stellen für die technische Entwicklung und Umsetzung wurden bei *FIZ Karlsruhe* geschaffen, dem Leibniz-Institut für Kommunikationsinfrastruktur, das das APD in technischer Hinsicht betreibt. Somit steht für die Gestaltung des neuen Portals ein breites Netzwerk von Institutionen bereit; die Koordination der Zusammenarbeit hat sich dabei in den vergangenen Monaten bereits gut etabliert. Was aber soll genau geschaffen werden?

Das BMF verbindet mit dem neuen Portal die Hoffnung auf eine zentrale Anlaufstelle für alle Interessierten, die auf der Suche nach Archivgut zum weiten Themenfeld der *Wiedergutmachung* sind. Die Archive stellen sich dieser Herausforderung und bearbeiten zugleich an diesem thematischen Beispiel zentrale archivische Fachfragen – den institutionenübergreifenden Zugang zu Archivgut unter Beachtung unterschiedlicher archivrechtlicher Voraussetzungen, den Einsatz von Künstlicher Intelligenz, beispielsweise zur vereinfachten Erfassung von Akten und Karteikarten, die qualitative Auswertung gleichförmiger personenbezogener Unterlagen mit Unterstützung von Informationstechnologie sowie, an zentraler Stelle, die Entwicklung eines sachthematischen Zugangs mit Schlagwörtern auf der Basis eines kontrollierten Vokabulars. Voraussetzung dafür ist die Ermittlung der zentralen archivischen Überlieferung auf staatlicher, kommunaler und zivilgesellschaftlicher Ebene sowie im internationalen Bereich. Mit der Integration internationaler Unterlagen gehen nicht nur Fragen nach dem Konzept des Archivportal-D als Portal für Unterlagen deutscher Provenienz, sondern auch erhebliche technische Schwierigkeiten im Hinblick auf die geforderte Mehrsprachigkeit und den Umgang mit unterschiedlichen Alphabeten einher.

Fragen über Fragen, die für die beteiligten Akteure nicht alle neu sind. Außer auf ihre eigenen Erfahrungen und Konzepte aus den einzelnen Häusern können das LABW, FIZ Karlsruhe, die DDB und das Bundesarchiv auf die Erkenntnisse aus einem gemeinsamen DFG-Projekt aufbauen. Entwickelt wurde darin ein Themenportal zur *Weimarer Republik* im APD (www.archivportal-d.de/themenportale/weimarer-republik), das zugleich als Experimentierfeld für die Schaffung einer Infrastruktur für sachthematische Zugänge fungierte. Auf diese Weise wurden die konzeptionellen und technischen Voraussetzungen für die Anlage weiterer Themenportale geschaffen.

Erfahrungen mit dem sachthematischen Zugang im Archivportal-D

Grundsätzlich sollen Themenportale im APD den Einstieg in die Suche nach geeignetem Archivgut erleichtern. Angesichts veränderter Nutzergewohnheiten und der Bedarfe der Forschung wird hier eine neue Antwort auf die Frage nach geeigneten Rechercheangeboten und den dahinter liegenden Erschließungsstrategien gesucht.[1] Als ergänzendes Angebot zur tektonischen Darstellung im allgemeinen Teil des APD ermöglicht das Themenportal *Weimarer Republik* die Suche nach Archivgut zu vorgegebenen Themenfeldern und Sachschlagwörtern. Mit wenigen Klicks lassen sich hier geeignete Unterlagen beispielsweise zur Lebensmittelversorgung, zum Staatsschutz oder zur Begräbniskultur aus der Zeit der Weimarer Republik ermitteln und – da in diesem Fall zwei großangelegte Digitalisierungsprojekte des LABW und des Bundesarchivs einen großen Teil der Daten liefern – in vielen Fällen direkt digital anzeigen. Auch die Suche nach geographischen Bezügen ist erheblich vereinfacht, wie ein Blick auf die Karte der Weimarer Republik bzw. die geographische Systematik im Portal veranschaulicht:

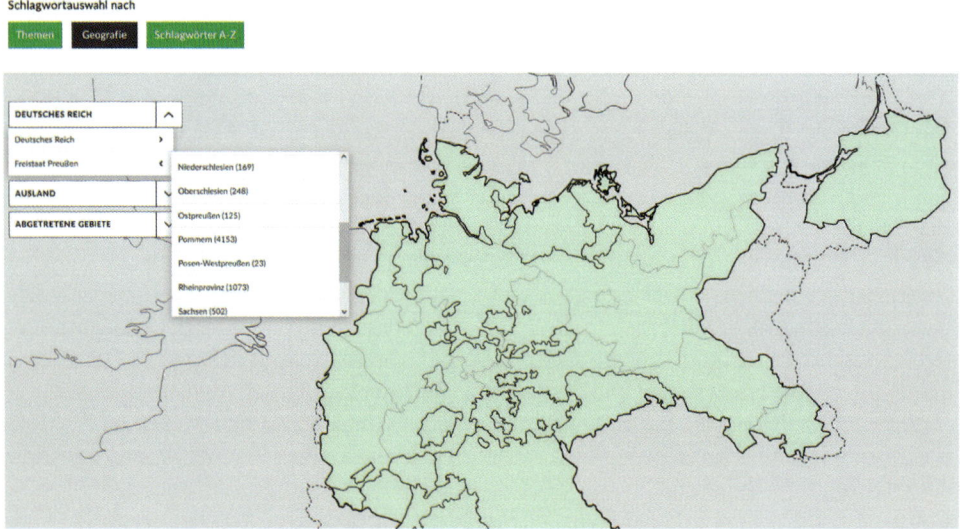

Abb. 1: Themenportal *Weimarer Republik*, geographische Systematik.

---

[1] Im Rahmen des DFG-Projektes entstand auch ein Film, der am Beispiel einer Journalistin auf der Suche nach geeignetem Archivgut die Vorteile des Themenportals in leicht humoristischer Weise vorstellt: https://vimeo.com/461742506 oder direkt auf der Hilfeseite im APD: https://www.archivportal-d.de/content/hilfe (aufgerufen am 26.02.2022).

Wie hier zu sehen ist, lassen sich beispielsweise aktuell 169 Verzeichnungseinheiten im Themenportal ermitteln, die Angaben zur preußischen Provinz Niederschlesien enthalten.

Im Bereich der thematischen Suche kann gezielt über Schlagwörter recherchiert werden, oder man steigt auf der Suche nach einem geeigneten Thema über die Themensystematik ein. 17 Oberkategorien (von *Parlamente und Parteien* über *Militär* bis *Bildung und Erziehung*) und darunterliegende Unterkategorien zeigen die Bandbreite möglicher Themengebiete auf und führen zu den mehr als 900 Schlagwörtern:

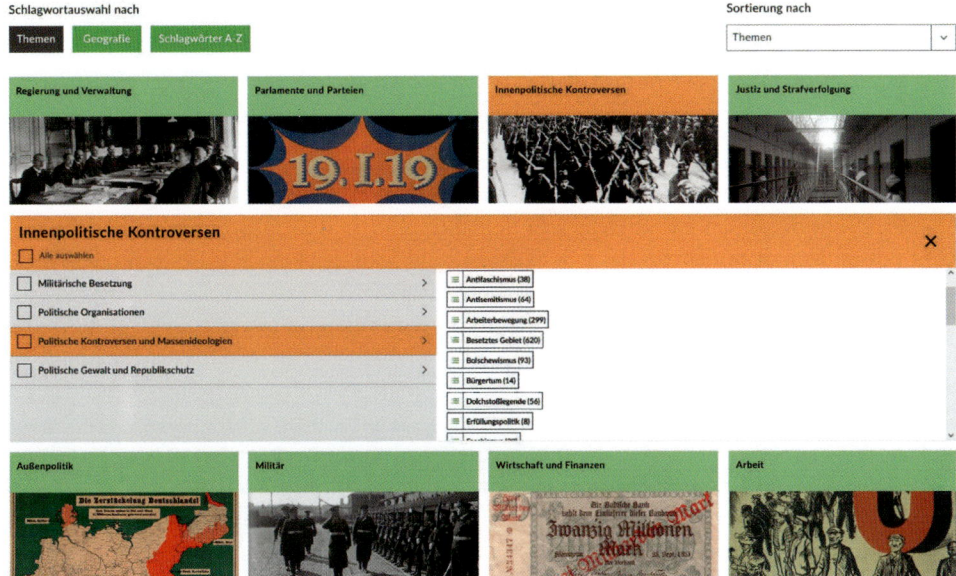

Abb. 2: Themenportal *Weimarer Republik*, sachthematische Systematik.

Hinter diesem Rechercheangebot stecken im Wesentlichen zwei Tätigkeiten aus dem Bereich der Erschließung, die derzeit in der archivischen Community heiß diskutiert werden: Die Strukturierung eines historischen Feldes – sei es eine Epoche, ein bestimmter Unterlagentyp oder ein festes Thema – anhand einer sachthematischen Systematik und die Praxis der Verschlagwortung, die Ermittlung eines Sets geeigneter Sachbegriffe und ihre Verknüpfung mit einzelnen Verzeichnungseinheiten. Dabei wird von einigen Seiten eine Nähe zur inhaltlichen Auswertung, eine Überinterpretation der Quellen und die Fixierung auf zeitgebundene Trends der Forschung befürchtet; insgesamt stehen die Überschreitung der Grenzen archivischer Tätigkeiten und Zuständigkeiten, aber auch eine Überforderung des knapp bemessenen Fachpersonals im Raum.

Im Rahmen des Themenportals *Weimarer Republik* hat sich das Team intensiv mit diesen Herausforderungen auseinandergesetzt und sich ein eigenes Regelwerk gegeben. Dazu gehört, dass die Schlagwörter durch die Verwendung eines kontrollierten Vokabulars semantisch, durch die Einordnung in die betreffenden Ober- und Unterkategorien thematisch festgelegt sind – sie sind keine freien Indexbegriffe. Die Verwendung des Vokabulars der Gemeinsamen Normdatei (GND) ist eines der wichtigsten Prinzipien des Themenportals. Über das Vokabularverwaltungstool *xtree* können die Schlagwörter mit ihrer GND-Definition eingesehen werden; dies ermöglicht eine inhaltlich eindeutige Zuordnung, die auch für die Nutzerinnen und Nutzer nachvollziehbar ist.[2]

Die Vorteile der Verschlagwortung liegen auf der Hand und können eine große Stütze bei der Bewältigung von Suchschwierigkeiten in archivischen Rechercheangeboten bieten. Schlagwörter liefern kategoriale Begriffe, wenn die Erschließung zu deutlich an einer Vorgangsbeschreibung orientiert ist (z. B. das Schlagwort *Infrastrukturpolitik* statt *Verkehrsabkommen* oder *Luftfahrtverhandlungen*), nutzerfreundliche Begriffe, wenn die Erschließung zu stark dem Fachjargon verhaftet bleibt (z. B. das Schlagwort *Außenhandel* für eine Archivale zur *Devisenwirtschaft*), alternative Begriffe, wenn die Volltextrecherche erfolglos bleibt (Schlagwort *Pflegeeinrichtung* bei einer ergebnislosen Suche nach dem Begriff *Seniorenheim*) sowie beschreibend-einordnende Begriffe, die heute bei einer Recherche weit verbreitet sind, in der entsprechenden Epoche aber nicht verwendet und deshalb bei der Erschließung nicht berücksichtigt wurden (Schlagwort *Novemberrevolution* statt *Staatsumwälzung vom Nov. 1918*).

Zudem ist der sachthematische Zugang besonders gewinnbringend, wenn ein Themenportal als Ergänzung zur tektonischen Recherche oder als deren Einstieg fungiert. Schlagwörter führen zu einzelnen Verzeichnungseinheiten, die jedoch stets in ihrem provenienzbezogenen Kontext angezeigt werden. So lassen sich ganze Bestände ermitteln, die ihrer Bezeichnung oder Beschreibung nach nicht in den Fokus nicht-spezialisierter Nutzerinnen und Nutzer geraten wären. Das Schlagwort *Rassismus* ist z. B. mit vielen Verzeichnungseinheiten aus dem Bestand *Rheinische Volkspflege* des Bundesarchivs (R 1603) verknüpft, die eine Vielzahl von Unterlagen zum angeblichen Phänomen der sogenannten „Schwarzen Schmach" während der Rheinlandbesetzung enthält.

Neben diesen archivfachlichen Ansätzen sind für die Bildung einer sachthematischen Infrastruktur im APD eine Vielzahl neuer technischer Instrumente entstanden. An erster Stelle ist hierbei sicherlich das *Schlagworttool* zu nennen, das für die Tätigkeit der Verschlagwortung eine ausgesprochen anwenderfreundliche Umsetzung geschaffen hat.[3]

---

[2] Die Prinzipien der Verschlagwortung können in einer Guideline im APD nachgelesen werden: https://cms.archivportal-d.de//sites/default/files/media/document/2021-06/Guideline%20zur%20Verschlagwortung.pdf (aufgerufen am: 26.02.2022). Zugang zu xTree-public, Vokabular „Archivportal-D" unter http://xtree-public.digicult-verbund.de/vocnet/?uriVocItem=http://vocab.archivportal-d.de/&startNode=01099&lang=de&d=n (aufgerufen am 26.02.2022).

[3] Zugang zum Schlagworttool unter https://www.archivportal-d.de/schlagworttool. Eine Anleitung und einen Überblick über die Funktionalitäten des Tools bietet die entsprechende Hilfeseite: https://www.archivportal-d.de/content/schlagworttool-hilfe (aufgerufen am 26.02.2022).

Die Arbeit am ersten sachthematischen Zugang im APD entwickelte sich im engen Austausch mit der historischen Forschung. Dies lag bereits durch die Anlage als DFG-Projekt nahe; praktisch umgesetzt wurde es in Form einer kritischen Begleitung der Entwicklung der sachthematischen Systematik und des Schlagworttools durch Historikerinnen und Historiker mit Forschungsschwerpunkt auf der Weimarer Republik. Eine unmittelbare Beteiligung von Forschenden besteht darüber hinaus kontinuierlich durch die Reihe *Im Blickpunkt*. Über die Forschungsstelle *Weimarer Republik* an der Friedrich-Schiller-Universität Jena konnte eine beachtliche Zahl an Wissenschaftlerinnen und Wissenschaftler gewonnen werden, die zu einzelnen Schlagwörtern oder Gebieten der Themensystematik niederschwellige historische Einführungen schrieben, diese mit Archivgut aus dem Themenportal verknüpften und damit auch ihre aktuellen Forschungsergebnisse präsentieren.[4]

Schlussfolgerungen im Hinblick auf das Themenportal *Wiedergutmachung nationalsozialistischen Unrechts*

Die entstandene Infrastruktur für sachthematische Zugänge im APD bietet eine sehr effektive Plattform für die Erarbeitung neuer Themenportale; wichtige Ansätze für die Bearbeitung archivischer Fachfragen enthalten die in ihrem Rahmen entwickelten Guidelines.[5] Für die *Wiedergutmachung* trägt das jedoch nur bedingt. Das liegt vor allem im Thema selbst begründet, aber auch in den vielen Anforderungen, die sich aus den archivrechtlichen Grenzen und dem Wunsch nach nicht-archivischen Bildungsangeboten im Portal ergeben.

Anders als im Fall der Weimarer Republik, für die eine geeignete sachthematische Systematik vergleichsweise einfach über eine Analyse gängiger Politikfelder erarbeitet werden konnte, ist die Ermittlung geeigneter Themenfelder der *Wiedergutmachung*, die sich nicht allzu schnell als abstrakte Forschungsbereiche erweisen, eine echte Herausforderung. Zudem gibt es bislang nur Erfahrungen mit der Verschlagwortung von Sachakten. Die große Masse der Unterlagen aus dem Bereich der zwei zentralen *Wiedergutmachungsgebiete* Entschädigung und Rückerstattung sind jedoch personenbezogene Unterlagen – Anträge und ihre Bearbeitung bzw. Prozessakten. Ob und in welcher Form hier ein sachthematischer Zugang ein tragfähiges Rechercheangebot schaffen kann, muss erst noch ausgelotet werden.

Konkret angegangen wurde hingegen schon eine angemessene und auf die Interessen verschiedener Nutzergruppen ausgerichtete Erschließung der personenbezogenen Unterlagen. Die angesprochene Unter-AG der KLA-AG erarbeitet wie bereits erwähnt derzeit ein Set an geeigneten Metadaten; die Umsetzung der Erschließung wird dann aber noch einige Zeit in Anspruch nehmen. Hinzu kommen wichtige Arbeiten im APD zur Erweiterung des EAD-Modells, um die

---

[4] https://www.archivportal-d.de/content/aktuelles?f[0]=tags%3A216 (aufgerufen am 26.02.2022).
[5] Neben dem Regelwerk zur Verschlagwortung wurden auch Hinweise zum Aufbau sachthematischer Zugänge erarbeitet: https://cms.archivportal-d.de//sites/default/files/media/document/2021-05/Guideline%20zum%20Aufbau%20von%20Systematiken.pdf (aufgerufen am 26.02.2022).

erschlossenen Informationen dann auch möglichst vollständig sichtbar machen zu können. Welche weiteren Unterlagengruppen in das Portal aufgenommen werden und welche Recherchemöglichkeiten für sie als adäquat erscheinen, ist nicht zuletzt eine Frage internationaler Kooperationen und daher heute in der ganzen Breite noch kaum abzusehen.

Die Konsequenz aus den hier beschriebenen Schwierigkeiten und Überlegungen kann angesichts des umfangreichen politischen und organisatorischen Vorlaufs jedoch nicht in einer jahrelangen stillen Arbeit im Hintergrund liegen. Vielmehr muss es jetzt darum gehen, rasch eine Sichtbarkeit für die wichtigsten archivischen Bestände und für die angelaufenen Projekte zu schaffen und zur offenen Diskussion der Vorgehensweise einzuladen. Das Team des Portals *Wiedergutmachung* hat sich deshalb für ein dreistufiges Verfahren entschieden: In einer ersten Stufe werden zunächst die wichtigsten staatlichen Bestände in einer Übersicht zusammengeführt. Das ist kein echter sachthematischer Zugang, da hier lediglich die Bestände in ihrer Gesamtheit einzelnen thematischen Bereichen oder Verfahrenskategorien zugeordnet werden (Mehrfachnennungen sind natürlich vorgesehen). Eine Einzelzuordnung der Verzeichnungseinheiten und eine Verknüpfung mit Schlagwörtern erfolgen hierbei noch nicht. Dennoch bietet die systematische Gliederung große Vorteile für die Forschung: Zum ersten Mal werden etwa 500 staatliche Bestände zu den internationalen und materiellen Maßnahmen der *Wiedergutmachung* zusammengeführt. Damit ist ein breiter Überblick zur Überlieferung der *Wiedergutmachung* gelungen, der sich auch als Einstieg in die verschiedenen Forschungsfelder eignet. Gegliedert in die vier Oberkategorien *Entschädigung*, *Rückerstattung*, *Internationales* und *DDR/SBZ* führt die Systematik zu den jeweils einschlägigen Beständen bzw. Klassifikationspunkten oder Serien als den thematisch maßgeblichen Ebenen innerhalb eines großen Bestandes. Auf diese Weise können z. B. bequem die Akten aller Landesarchive zu den gerichtlichen Überprüfungen der Anträge nach dem Bundesentschädigungsgesetz recherchiert werden. Links führen direkt zu den Beständen bzw. Bestandsteilen der einzelnen Archive auf den Seiten des APD oder – sofern dies nicht möglich ist – zu den Bestandsseiten in den Recherchesystemen der jeweiligen Häuser. Knapp gefasste Texterläuterungen, die in die Übersicht integriert sind, geben Hilfestellungen sowohl zu den verwendeten Begrifflichkeiten als auch zur Form der Systematisierung.

Eine weitere Darstellungsform bietet die Möglichkeit, die Bestände der *Wiedergutmachung* gegliedert nach den einzelnen Landesarchiven sowie des Bundes einzusehen. Hinter diesen beiden Beständeübersichten steht eine kooperative Arbeit aller Landesarchive, des Politischen Archivs des Auswärtigen Amtes und des Bundesarchivs, bei der die Kolleginnen und Kollegen die Vorschläge des Themenportal-Teams zu Auswahl und Systematisierung der jeweiligen Bestände kritisch geprüft und ergänzt haben.

Neben dieser Übersicht bietet das Portal ein einführendes Angebot zu den historischen Hintergründen der *Wiedergutmachung*. Die wichtigsten Maßnahmen, gesetzlichen Grundlagen und internationalen Abkommen werden in enger Anlehnung an die im Portal recherchierbare Überlieferungsbildung beschrieben, ein Glossar erläutert die zentralen Begriffe. Karten erlauben eine Orientierung in historischen territorialen Zuständigkeiten und zum Territorialprinzip der Entschädigungsleistungen, die wichtigsten Gesetze, Verordnungen und Kabinettsbeschlüsse finden sich ebenso wie eine gut gegliederte Literaturliste. Zudem bietet das Themenportal allen Trägern

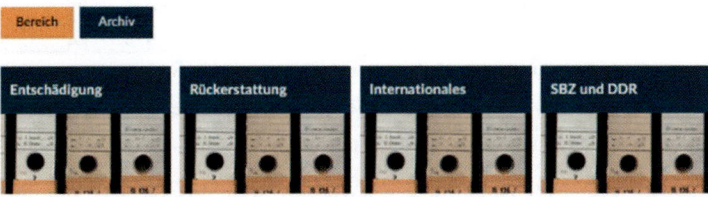

Abb. 3: Entwurf für das Themenportal *Wiedergutmachung nationalsozialistischen Unrechts*.

von eigenen Digitalisierungs- und Erschließungsprojekten zur *Wiedergutmachung* die Möglichkeit, an dieser Stelle über ihre Arbeiten zu informieren. Diese erste Stufe soll, so der aktuelle Stand der Planungen, am 1. Juni 2022 online gehen.

Es ist ein erster Anfang – mit Blick auf die Inhalte, da wesentliche Felder wie z. B. die Restitution von Kunst- und Kulturgütern, der wichtige kommunale Überlieferungsstrang, die archivischen Unterlagen von Organisationen der Zivilgesellschaft und der gesamte internationale Bereich zunächst außen vor bleiben, aber auch in methodischer Hinsicht. In einer zweiten Stufe des Themenportals werden sodann ein echter sachthematischer Zugang zu den Sachakten auf Ebene der Verzeichnungseinheiten geschaffen und Ansätze zu nutzerfreundlichen Recherchen in personenbezogenen Unterlagen geboten.[6] Parallel dazu wird die bereits vorhandene Übersicht zur Überlieferungsbildung Stück für Stück erweitert und schon im Übergang zwischen den beiden Stufen mehr und mehr Archivgut ergänzt. Im Feld nicht-archivischer Inhalte, der historisch-politischen Bildungsarbeit, sind mehrere Angebote geplant – von einer digitalen „Aktenkunde", einem Gang durch diverse Verfahren zu Entschädigung und Rückerstattung, der Bereitstellung historischer Hintergründe für diverse Nutzergruppen bis zu Quellenmaterial für Unterrichtsstunden und Universitätsseminare.

Die dritte Stufe sieht sodann auch die Bereitstellung von Unterlagen vor, die noch archivrechtlichen Beschränkungen unterliegen (d. h. Unterlagen, deren Fristen noch nicht abgelaufen sind) und die im Rahmen eines *Virtuellen Lesesaals* auf der Grundlage von individuellen Rechteprofilen Forschenden unter Auflagen bereitgestellt werden können. Hinzutreten soll ein Konzept für eine umfassende Mehrsprachigkeit, auch zur Darstellung und Recherche von Unterlagen mit nicht-lateinischem Alphabet. Die Einbindung der Ergebnisse von Projekten mit Künstlicher Intelligenz in Form einer nutzerfreundlichen Umsetzung in den angebotenen Recherchetools (z. B. zur automatisierten Handschriftenerkennung) ist ebenso für die dritte Stufe geplant.

Das beschriebene iterative Verfahren schafft dabei den erforderlichen zeitlichen Vorlauf zur Lösung der großen archivfachlichen Herausforderungen, die mit all diesen Ideen und Planungen einhergehen. Neben den bereits angesprochenen archivrechtlichen und technischen Problemen wird sich mit Blick auf die Auswertungsmöglichkeiten durch den Einsatz von Künstlicher Intelligenz auch die Frage nach der Präsentation des Archivguts neu stellen. Soll eine Recherche stets zu einer Akte oder Karteikarte als abgeschlossene Verzeichniseinheit führen, oder ist auch die Präsentation der darin enthaltenen Daten losgelöst von ihrem unmittelbaren archivischen Kontext möglich? Zum Beispiel, indem eine Datenbank bereitgestellt wird, die quantitative Studien zu Anträgen, den Antragstellern und den Ergebnissen der Verfahren ermöglicht. Was würde ein solcher Ansatz für das geplante Portal insgesamt bedeuten? Wird damit endgültig die Grenze vom sachthematischen Zugang zu Archivgut hin zu einem historischen Portal mit passend zugeschnittenem Quellenmaterial überschritten?

---

[6] Ausführlich zu den Schwierigkeiten eines sachthematischen Ansatzes im Bereich der *Wiedergutmachung* siehe Mirjam *Sprau* und Tobias *Herrmann*: Das Themenportal „Wiedergutmachung nationalsozialistischen Unrechts" im Archivportal-D. In: Archivar 4 (2021), S. 275–277.

Darüber hinaus muss sich das Team des Themenportals auch wesentlichen Fragen nach den inhaltlichen Grenzen eines solchen Portals stellen. Die Heranführung an die Überlieferungsbildung darf nicht zu einer „Meistererzählung der *Wiedergutmachung*" werden. Denn durch die Präsentation einer Vielzahl archivischer Unterlagen, angeordnet in einer Systematik, kann der Eindruck einer historischen Realität entstehen, in der alle notwendigen Bereiche politisch „bedacht", „geregelt" und „versorgt" wurden. Wie aber können die Elemente historischer Wirklichkeit benannt werden, die nicht durch Archivgut dargestellt sind? Wie lassen sich die Leerstellen der deutschen *Wiedergutmachungspolitik*, die jahrzehntelange Ausblendung großer Opfergruppen, die Verengung des internationalen Blickwinkels im Kalten Krieg als Teil der deutschen *Wiedergutmachungspolitik* aufzeigen? Hier kommt dem Bereich der historischen Bildungsarbeit im Portal eine große Bedeutung bei der Einordnung der archivischen Überlieferung in die historischen Zusammenhänge zu.

Aus archivischer Sicht ist die Einrichtung eines solchen Portals unter verschiedenen Aspekten eine spannende Herausforderung; viele aktuelle Fragen können anhand der Überlieferungsbildung zur *Wiedergutmachung* beispielhaft bearbeitet werden. Der institutionenübergreifende Ansatz ist für alle Bereiche unverzichtbar, und schon jetzt erweist sich die Notwendigkeit zur gemeinsamen Diskussion und Reflexion über inhaltliche und technische Fragen als ausgesprochen fruchtbar. Die Auseinandersetzung mit der Geschichtswissenschaft über sachthematische Zugänge hat bei der Entwicklung des Themenportals *Weimarer Republik* ihren Anfang genommen und dort bereits zu einer erfolgreichen praktischen Kooperation geführt. Für den Bereich der *Wiedergutmachung* hat die Diskussion über Recherchestrategien, Nutzerinteressen und Inhalte historischer Bildungsarbeit gerade erst begonnen. Sie kann und wird nur gemeinsam mit der historischen Forschung gewinnbringend geführt werden.

Die „Transformation der Wiedergutmachung" und die Archive.
Neue Perspektiven

Von Clemens Rehm

In diesem Beitrag werden die Entwicklung des Projektes *Transformation der Wiedergutmachung*, dessen Verknüpfung mit politischen und gesellschaftspolitischen Perspektiven, wissenschaftliche Fragestellungen sowie die Weiterungen für die Archive überblicksartig skizziert. Hinweise zum am 1. Juni 2020 im Landesarchiv Baden-Württemberg, Abt. Staatsarchiv Ludwigsburg gestarteten Piloten des Gesamtprojekts bilden den Ausblick.

Die Wiedergutmachung als Aufgabe: Fragen und Ideen

Am Anfang stand eine Idee: Im Jahr 2017/18 kam das Bundesministerium der Finanzen (BMF) auf das Bundesarchiv und die Landesarchive mit dem Wunsch zu, alle Akten, die im Zuge der Entschädigung von nationalsozialistischem Unrecht entstanden waren – die sogenannten *Wiedergutmachungsakten*[1] – an einem Ort in einem Zentralarchiv zusammenzuziehen. Ausgangspunkt für diese Initiative war die Überlegung, dass zu Beginn des 21. Jahrhunderts neu zu erörtern war, wie die politisch stets betonte historische Verantwortung gegenüber den Opfern der NS-Zeit konkret zu gestalten war. Zu Beginn der Wiedergutmachung nach dem Zweiten Weltkrieg stand vor allem

---

[1] Zum Begriff *Wiedergutmachung* in diesem Kontext vgl. den Hinweis des Bundesministeriums der Finanzen: *Damals wie heute wird dabei kontrovers über die Begrifflichkeit diskutiert. Alle Beteiligten sind sich dabei stets bewusst, dass eine vollständige „Wiedergutmachung" im Wortsinn nicht möglich ist. Das unermessliche Leid, das den Opfern von NS-Unrecht zugefügt wurde, kann nicht durch Geld oder andere Leistungen aufgewogen werden. Neben der Anerkennung des zugefügten Leids soll gleichwohl auch materielle Entschädigung für das erlittene Unrecht geleistet werden.* https://bundesfinanzministerium.de/Web/DE/Themen/Oeffentliche_Finanzen/Vermoegensrecht_und_Entschaedigungen/vermoegensrecht_entschaedigungen.html (aufgerufen am 05.05.2022).
In diesem Beitrag erfolgt eine Standortbestimmung eines Projekts, zu dem viele Kolleginnen und Kollegen von Landesarchiv und FIZ Karlsruhe intensiv beigetragen haben. Ich danke vor allem Daniel Fähle, Oliver Götze, Nastasja Pilz, Jennifer Meyer, Nils Meyer, Andreas Neuburger, Matthias Razum, Harald Sack, Andreas Weber. Dank auch an Anna Gerits und Kai Wambach vom BMF.

die materielle Entschädigung der Opfer und ihrer Familien im Vordergrund;[2] die öffentliche Diskussion fokussierte sich dabei vor allem auf jüdische Opfer. Aber schon 1951 benannte Konrad Adenauer das Unrecht zugrundeliegende *Problem der Erziehung*.[3] Knapp 60 Jahre später machte Angela Merkel 2007 in Jerusalem die Frage zur Grundlage der *Zukunftsfähigkeit* eines demokratischen deutschen Rechtsstaats: *Es ist meine tiefe Überzeugung: Nur indem mein Land, nur indem Deutschland seine immerwährende Verantwortung für diese schrecklichste Zeit und für die grausamsten Verbrechen in seiner Geschichte voll und ganz annimmt, können wir die Zukunft gestalten – nur so und nicht anders.*[4] Begonnen hatte die damalige Bundeskanzlerin ihre Rede mit dem Versprechen, *immer dem Ziel verpflichtet zu sein, dass Rassismus, Fremdenfeindlichkeit und Antisemitismus in Deutschland und in Europa nie wieder eine Chance bekommen dürfen.* Um diese Zusage einhalten zu können, benötigt es historisches Wissen und Erinnerungsarbeit.[5]

Der Wandel des Fokus beim Themenkomplex *Wiedergutmachung* von der materiellen Entschädigung zur moralischen Verpflichtung der Erinnerung wird in dem Augenblick unausweichlich, wenn die letzten Empfängerinnen und Empfänger von Entschädigungsleistungen verstorben sein werden. Spätestens dann stellt sich die Frage, ob die Bundesrepublik zu diesem inzwischen absehbaren Zeitpunkt die Aufgabe der Wiedergutmachung für die Opfer des Nationalsozialismus als beendet ansehen will oder nicht – und wenn nicht, wie diese Aufgabe künftig gestaltet werden soll.

Das BMF, das in seinem Haushalt bis heute jährlich eine hohe dreistellige Millionensumme für die Entschädigungen bereitstellt, brachte mit seiner Idee eines zentralen Sammlungsorts ganz klar

---

2   Vgl. die Aussage Konrad Adenauers in der Erklärung der Bundesregierung am 27. September 1951 im Deutschen Bundestag: *Die Bundesregierung und mit ihr die große Mehrheit des deutschen Volkes sind sich des unermesslichen Leides bewusst, das in der Zeit des Nationalsozialismus über die Juden in Deutschland und den besetzten Gebieten gebracht wurde. […] Im Namen des deutschen Volkes sind […] unsagbare Verbrechen begangen worden, die zur moralischen und materiellen Wiedergutmachung verpflichten sowohl hinsichtlich der individuellen Schäden, die Juden erlitten haben, als auch des jüdischen Eigentums, für das heute individuell Berechtigte nicht mehr vorhanden sind. […] Die Bundesregierung ist bereit, gemeinsam mit den Vertretern des Judentums und des Staates Israel […] eine Lösung des materiellen Wiedergutmachungsproblems herbeizuführen, um damit den Weg zur seelischen Bereinigung unendlichen Leides zu erleichtern*. Bundestagsprotokoll, 165. Sitzung, Sp. 6698. Dazu sowie zur Begrifflichkeit auch Hans Günter *Hockerts*: Wiedergutmachung in Deutschland 1945–2000. Ein Überblick. In: Aus Politik und Zeitgeschichte, Heft 25/26 (2013) https://www.bpb.de/shop/zeitschriften/apuz/162883/wiedergutmachung-in-deutschland-1945-1990-ein-ueberblick/ (aufgerufen am 05.05.2022).

3   Bundestagsprotokoll, wie Anm. 2.

4   Rede von Bundeskanzlerin Dr. Angela Merkel vom 1. April 2007 in Jerusalem zur Verleihung der Ehrendoktorwürde durch die Hebräische Universität Jerusalem. https://www.bundesregierung.de/breg-de/service/bulletin/rede-von-bundeskanzlerin-dr-angela-merkel-797766 (aufgerufen am 05.05.2022).

5   Vgl. Clemens *Rehm*: Gedächtnis, Gewissen und neue Horizonte. Zur sich wandelnden Rolle der Archive in der demokratischen Gesellschaft. In: Erinnerungsarbeit. Zur Institutionsgeschichte der Universität der Künste Berlin. Hg. von Universität der Künste Berlin (Heft 5). Berlin 2023.

zum Ausdruck, dass die Aufgabe der Wiedergutmachung nicht nur aus Entschädigungszahlungen besteht, sondern auch eine moralische ist und die Erinnerung beinhaltet – die Erinnerung an die Ursachen und an diese Aufgabe selber. Damit war der Gedanke einer *Transformation der Wiedergutmachung* geboren.

Die Motivation des Bundes, hier Ideen zu entwickeln, speist sich dabei aus zwei Quellen: Zum einen ist bei aller Unzulänglichkeit von Geldleistungen als Ausgleich für erlittenes Unrecht und den Verlust von Familienangehörigen die Wiedergutmachung über Jahrzehnte ein großer finanzieller Kraftakt der Bundesrepublik gewesen und ist es heute noch – das ist in der Öffentlichkeit kaum bewusst und verdient nach Auffassung des BMF größere Aufmerksamkeit. Zum anderen gibt es bis heute in der Bundesrepublik keine Institution, keinen Ort, an dem das Erinnern an die Opfer des Nationalsozialismus umfassend dokumentiert und gleichzeitig für die Öffentlichkeit zugänglich und für Wissenschaft, Angehörige und Nachfahren erforschbar ist, wie es in *Yad Vashem* in Jerusalem oder beim *US Holocaust Memorial Museum* in Washington möglich ist. Diese Leerstelle in Deutschland sollte angegangen werden, denn es fehlt die *Symbolkraft der Wiedergutmachung*.[6]

Wiedergutmachung und *Transitional Justice*

Werden die Entschädigung und Wiedergutmachung von nationalsozialistischen Unrecht im größeren Kontext betrachtet, sind sie in das Umfeld der *transitional justice* einzuordnen. Dieses Forschungsfeld, das seit dem Ende der 1990er Jahre greifbar wird, ist von der Frage geleitet, wie gesellschaftliche Transformationsprozesse beim Übergang von einer Diktatur, einem verbrecherischen System in eine Demokratie erfolgen und gelingen können.[7] Drei Elemente gelten dabei gemeinhin als zentral: Die Verfolgung der Täter, also der Verantwortlichen im weitesten Sinn, die Anerkennung und Entschädigung der Opfer sowie die Erinnerung an den gesamten Prozess. Unter diesem Blickwinkel stehen Spruchkammerverfahren und Wiedergutmachung nach 1945 in

---

[6] So Kai *Wambach* in der Keynote *Themenportal Wiedergutmachung* auf der Tagung *Kriegsfolgenarchivgut: Entschädigung, Lastenausgleich und Wiedergutmachung in Archivierung und Forschung* des Bundesarchivs am 14. Oktober 2019 in Bayreuth.

[7] In seinem Bericht von 2004 definierte der Generalsekretär der Vereinten Nationen die *transitional justice* wie folgt: *The notion of "transitional justice" discussed in the present report comprises the full range of processes and mechanisms associated with a society's attempts to come to terms with a legacy of large-scale past abuses, in order to ensure accountability, serve justice and achieve reconciliation. These may include both judicial and non-judicial mechanisms, with differing levels of international involvement (or none at all) and individual prosecutions, reparations, truth-seeking, institutional reform, vetting and dismissals, or a combination thereof.* United Nations: The rule of law and transitional justice in conflict and post-conflict societies: Report of the Secretary-General, 2004. S. 4. https://www.un.org/ruleoflaw/blog/document/the-rule-of-law-and-transitional-justice-in-conflict-and-post-conflict-societies-report-of-the-secretary-general/ (aufgerufen am 05.05.2022).

Deutschland neben Konzepten von Wahrheitskommissionen in Südafrika oder Wahrheits- und Versöhnungskommissionen in Südamerika, zum Beispiel in Chile, nach 1990. Inwieweit dabei die Versöhnung durch Erinnern oder durch *Beschweigen* bzw. *Verschweigen* gelingen kann, ist sowohl in Theorie[8] wie in der Praxis[9] unterschiedlich beantwortet worden. In der deutschen Nachkriegsgesellschaft war die Wiedergutmachung nicht unumstritten und der Umgang mit dieser Frage in den Zeitläufen ist damit auch ein Indikator sowohl für die Ausbildung und Verankerung demokratischen Bewusstseins als auch für die Absetzung von Vorstellungen aus der NS-Zeit.

Vor diesen Hintergründen kristallisierte sich beim BMF die Überlegung heraus, auch in Deutschland einen *Dokumentations-, Forschungs- und Erinnerungsort* für die Opfer des Nationalsozialismus auf den Weg zu bringen, der sich konkret an den Umgang der Bundesrepublik mit Wiedergutmachung und Entschädigung anschloss. Dem Anliegen könne man nach Ansicht des BMF am ehesten gerecht werden, indem die physische Überlieferung den Ausgangspunkt bildet; damit wurde übrigens eine Idee der 1960er Jahre aufgenommen. So ging das BMF auf die Landesarchive und das Bundesarchiv mit der Frage zu, ob man dafür nicht alle Akten mit Wiedergutmachungsverfahren an einem Ort zentral zusammenführen könnte, so wie es mit den Akten zum Lastenausgleich in Bayreuth bereits erfolgt war.[10] Diesen Vorschlag mussten die Archive aus fachlichen Gründen ablehnen, weil zum einen Quellen in ihrem Kontext die größte Aussagekraft entwickeln – daher wenden die Archive das sogenannte Provenienzprinzip an – und zum anderen, weil diese Akten in vielen Archiven schon erschlossen waren und mehr oder weniger eifrig genutzt

---

[8] Zum *Beschweigen* vgl. Hermann *Lübbe*: Der Nationalsozialismus im deutschen Nachkriegsbewußtsein. In: Historische Zeitschrift 236 (1983) S. 579–599. Lübbe hatte 1983 zum 50. Jahrestag der Machtübernahme Hitlers in einem Vortrag die Auffassung vertreten, *kommunikatives Beschweigen des NS-Unrechts nach 1945 sei die Voraussetzung gewesen, um die Demokratie in Deutschland erfolgreich etablieren zu können*. Diese *gewisse Stille sei das sozialpsychologisch und politisch nötige Medium der Verwandlung unserer Nachkriegsbevölkerung in die Bürgerschaft der Bundesrepublik Deutschland* gewesen (S. 334). Zur Rezeption vgl. Axel *Schildt*: Zur Durchsetzung einer Apologie. Hermann Lübbes Vortrag zum 50. Jahrestag des 30. Januar 1933. In: Zeithistorische Forschungen 1 (2013) S. 148–152. https://zeithistorische-forschungen.de/file/2866/download?token=lOS8k6r4 (aufgerufen am 05.05.2022).

[9] Ein Beispiel für *Verschweigen* und für das Nicht-Erinnern an Geschichte ist Spanien mit dem informellen *Pacto del Olvido (Pakt des Vergessens),* der bis heute einer Aufarbeitung des Franco-Regimes im Weg steht. Vgl. *Julia Macher: Der Pakt des Schweigens, der Spanische Bürgerkrieg und die Pendelschläge der Geschichtspolitik. In: Eurozine (18. Juli 2016).* https://www.eurozine.com/der-pakt-des-schweigens/ (aufgerufen am 05.05.2022).

[10] In seinem Vortrag *Das Lastenausgleichsarchiv und seine Bestände* bei der Tagung *Kriegsfolgenarchivgut* unterstrich Karsten Kühnel 2019 in Bayreuth, dass *das vom Bundestag am 6. Januar 1988 beschlossene Gesetz über die zentrale Archivierung von Unterlagen aus dem Bereich des Kriegsfolgenrechts […] die Einrichtung eines Zentralarchivs für den Lastenausgleich als Teil des Bundesarchivs* bestimmt. https://www.bundesarchiv.de/DE/Content/Publikationen/Aufsaetze/kriegsfolgenarchivgut-kuehnel.pdf?__blob=publicationFile (aufgerufen am 05.05.2022).

werden. Mit der Ablehnung des Vorschlags des BMF durch die archivische Fachwelt war aber das Thema der *Transformation der Wiedergutmachung* nicht erledigt und harrte weiter einer Lösung.

Die digitale Lösung: *Archivportal-D*

Die offenkundig attraktive Idee einer zentralen Zugänglichmachung der Unterlagen der Wiedergutmachung – und damit der Schaffung einer übergreifenden Sichtbarkeit der Opfer im Prozess der Entschädigung – blieb erst einmal offen. Eine neue Richtung erhielt die Diskussion, als das BMF für den 14. August 2018 die Landesarchivverwaltungen und das Bundesarchiv zur Thematik der Zukunftsfragen und der Transformation der Wiedergutmachung von NS-Unrecht nach Bonn einlud. Dieses Treffen stellt den Startpunkt für die Planungen eines modernen, zentralen und forschungsfreundlichen Zugangs zu möglichst allen entschädigungs- und wiedergutmachungsrelevanten Akten, Dokumenten und Unterlagen von Bundes- und Landesverwaltung dar: Nicht ganz unerwartet wurde eine digitale Lösung für diese zentrale Quellenzusammenführung ins Auge gefasst.

Mit dem Archivportal-D, das vom Landesarchiv Baden-Württemberg verantwortet und gemeinschaftlich mit der Deutschen Digitalen Bibliothek[11] betrieben wird, steht seit 2012 eine ständig wachsende Infrastruktur bereit, in der archivische Erschließungsinformationen und digitalisiertes Archivgut gleichermaßen präsentiert werden können.[12]

Unter Einbeziehung dieser Plattform konnte als ein Ziel der Transformation der Wiedergutmachung formuliert werden, dass alle einschlägigen Akten mit ihren Verzeichnungsinformationen und Digitalisaten ins Netz gebracht werden sollen. Um diese Quellen, die Daten und die Scans einordnen zu können, braucht es darüber hinaus die Möglichkeit, Informationen und vielfältig vorhandenes Wissen aus dem Umfeld der Wiedergutmachung wie z. B. Übersichten über gesetzliche Regelungen, Statistiken, spezielle Zugänge etc. einzubinden. Damit war die Idee eines umfassenden Themenportals *Wiedergutmachung* im Archivportal-D geboren – eines Zugangs, der weit über ein rein archivisches Findmittelsystem zu Wiedergutmachung und Entschädigung

---

[11] Zu Struktur und Betrieb vgl. https://www.deutsche-digitale-bibliothek.de/content/ueber-uns (aufgerufen am 05.05.22).

[12] Vgl. Gerald *Maier* und Christina *Wolf*: Das Archivportal-D – ein neuer Zugang zu historischen Quellen in Verbindung mit der Deutschen Digitalen Bibliothek. In: VHD-Journal: die Mitgliederzeitschrift des Verbandes der Historiker und Historikerinnen Deutschlands e.V. 5 (2016) S. 78–81. http://www.historikerverband.de/fileadmin/user_upload/vhd_journal_2016-05_homepage.pdf (aufgerufen am 05.05.2022), sowie Gerald *Maier* und Christina *Wolf*: Das Archivportal-D und die Deutsche Digitale Bibliothek. Neue übergreifende Recherchemöglichkeiten nach Quellen für die historische Forschung. In: Recherche und Weiterverarbeitung. Digitale Angebote der Archive für die historische Forschung im Netz. Beiträge einer Sektion auf dem 51. Deutschen Historikertag 2016 in Hamburg. Hg. von Rainer *Hering* und Robert *Kretzschmar*. Stuttgart 2017. S. 10–35.

hinausgehen soll.¹³ Dieser Schritt konnte gegangen werden, weil mit dem Themenportal *Weimarer Republik*¹⁴ im Archivportal-D ein sachorientierter Zugang – deutlich kleiner und technisch noch nicht so elaboriert – als Vorbild bzw. Blaupause gerade entstanden war.¹⁵

Damit lagen zwei Herausforderungen gleichzeitig auf dem Tisch: Zum einen war abzuschätzen, ob die angedachten zusätzlichen Funktionalitäten in der Struktur der DDB als separates Sub-Portal konzeptionell und technisch umsetzbar sein würden. Als Anpassungen und Weiterentwicklungen waren von Anfang an die Unterstützung mehrsprachiger Zugänge und Inhalte, die Volltextsuche in Digitalisaten, die Einbindung weiterer Quellenlieferanten sowie neue Services für die Nutzung angedacht. Zum anderen war zu klären, ob es gelingen würde, die gigantische Menge der zu erwartenden Daten in das Portal einzubringen und attraktiv zu präsentieren. Hilfreich war dabei die Zusage des BMF, dass Mittel sowohl für die Erarbeitung derjenigen Metadaten, die über eine übliche Erschließung hinaus erstellt werden sollten, als auch für die Erstellung der Digitalisate bereitstehen würden.

Auch ohne das Wissen um konkrete Umfangsangaben zu den Unterlagen, die bereitgestellt werden sollen, lässt sich erahnen, dass es sich nicht um ein auf wenige Jahre befristet angelegtes Projekt handeln wird; das BMF spricht von über 70 km Akten allein der gesetzlichen Entschädigung¹⁶ und rechnet schon heute mit einer Projektdauer von Jahrzehnten.

Archivierte Unterlagen zur Entschädigung

Unter diesen Voraussetzungen war eine Positionierung der Archive gefordert. Bei der Zugänglichmachung von Unterlagen zur Entschädigung von NS-Unrecht sind Archive v.a. in ihrer Funktion als Einrichtungen der Forschungsdateninfrastruktur gefragt, und die Anfrage zu diesem Großprojekt traf sie nicht unvorbereitet. Von 1998 bis 2009 haben sich die Archivverwaltungen der Länder und des Bundes in einer Arbeitsgruppe mit den Unterlagen der Wiedergutmachung beschäftigt und fachliche Empfehlungen publiziert.¹⁷ Als Ergebnis wurden zum einen Grund-

---

[13] Zu den ersten Konzepten vgl. Mirjam *Sprau* und Tobias *Herrmann*: Das Themenportal „Wiedergutmachung nationalsozialistischen Unrechts" im Archivportal-D. In: Archivar 74, Heft 4 (2021) S. 275–277 sowie den Beitrag in diesem Band.

[14] https://www.archivportal-d.de/themenportale/weimarer-republik. Zum Projekt vgl. https://www.landesarchiv-bw.de/de/landesarchiv/projekte/sachthematische-zugaenge-im-archivportal-d/63525 (beide aufgerufen am 05.05.2022).

[15] Zu strukturierten Quellensammlungen im Netz aus wissenschaftlicher Sicht vgl. auch Frank *Engehausen*: Vom Umgang mit Archivportalen und digitalisierten Archivalien. Ein Praxisbericht aus akademischer Lehre und Forschung. In: Archivar 73, Heft 2 (2020) S. 155–158.

[16] Vgl. *Wambach*, wie Anm. 6.

[17] Die ARK-Bund-Länder-Arbeitsgruppe *Wiedergutmachung* tagte von 1998 bis 2009. Sie legte 2009 einen *Abschlussbericht der ARK-Bund-Länder-Arbeitsgruppe „Wiedergutmachung"* (https://www.bundesarchiv.de/DE/Content/Downloads/KLA/wiedergutmachung-abschlussbericht.pdf?__blob=publication

sätze der archivischen Bewertung für die Entscheidung über die Archivwürdigkeit der Unterlagen vorgestellt; dabei wurde eine weitgehende Vollübernahme empfohlen. Darüber hinaus wurde für die Erschließung der Spagat beschrieben, nur Grundinformationen für die einzelnen Akten zu erheben oder (aufwendig) detaillierte Informationen zu ermitteln. Schließlich wurden Hinweise zur Nutzung dieser personenbezogenen Unterlagen zusammengestellt.

Die Unterlagen zur Entschädigung stellen aufgrund ihrer extrem großen Menge eine besondere Herausforderung dar.[18] Die Folge ist, dass diese massenhaften Einzelfallakten in den Archiven, mit wenigen Ausnahmen, zumeist nur knapp erschlossen sind und „nur" über den Namen der Geschädigten gefunden werden können. Eine archivische Standarderschließung umfasst nach den Empfehlungen der ARK die Kennzeichnung der verfolgten bzw. geschädigten Person sowie (falls abweichend) der antragstellenden Person mit

– Familiennamen zur Zeit der ersten Antragstellung bzw. Anlage der Akte,
– allen ersichtlichen zusätzlichen, früheren oder späteren Namensformen,
– Vornamen zur Zeit der ersten Antragstellung und ggf. weitere Vornamen,
– Geburtsdatum der verfolgten bzw. geschädigten Person, falls in der Akte leicht ersichtlich und
– Sterbedatum der verfolgten bzw. geschädigten Person, falls in der Akte leicht ersichtlich.[19]

Diese Konzentration auf die verfolgte bzw. geschädigte und die antragstellende Person bei der Erschließung war eine unumgängliche Basisanforderung, denn ein Einsichtsinteresse in die Akten war v. a. aus persönlichen Gründen zu erwarten und bezog sich in der Regel auf individuelle Verfahren. Mit dieser fachlich korrekten, aber im Hinblick auf die Recherche- und Auswertungsmöglichkeiten eingeschränkten Erschließung fallen diese Unterlagen für anders orientierte Forschungen aus. So sind mit diesen Metadaten weder Recherchen nach den ursprünglichen Lebenswelten der Opfer noch nach einer individuellen oder systematischen Verfolgungsgeschichte möglich. Hierfür sind tiefere Erschließungen nötig, die im Abschlussbericht als Optionen – *Erweiterte Erschließung*[20] und *Zusätzliche Projekterschließung*[21] – genannt, aber in den Folgejahren

---

File) und 2010 ein Inventar von Beständen und Rechtsgrundlagen: Übersicht über die Überlieferung und Rechtsgrundlagen zur Wiedergutmachung nationalsozialistischen Unrechts in der Bundesrepublik Deutschland in den staatlichen Archiven (https://www.bundesarchiv.de/DE/Content/Downloads/KLA/wiedergutmachung-dokumentation.pdf?__blob=publicationFile) vor.

[18] Zu den Umfängen der Bestände vgl. Übersicht, wie Anm. 17, S. 10–179. Das Inventar bildet den Stand von 2009 ab; es wurden keine Aktualisierungen der späteren Zugänge vorgenommen. Neben den Unterlagen, die beim Bundesarchiv und in den Landesarchiven verwahrt werden, sind noch – wenngleich in deutlich geringerem Umfang – kommunale Überlieferungen zu Entschädigungsleistungen in den Blick zu nehmen.

[19] Vgl. Abschlussbericht, wie Anm. 17, S. 29.

[20] Ebd., S. 30. Dabei werden weitere Angaben zur Kennzeichnung der verfolgten Person benannt.

[21] Ebd., S. 30–31. Beispielsweise können Angaben zum Verfolgungsschicksal eingetragen werden.

nur bei kleinen Beständen realisiert worden sind.[22] Erst in der *Projekterschließung*, die teilweise schon eine Auswertung der Akte darstellt, sollen Details zum Lebens- und Leidensweg der Geschädigten sowie zum Entschädigungsverfahren selbst erfasst werden, darunter auch die nicht unwesentliche Angabe zur gesetzlichen Grundlage der Entschädigungsleistung.

Bei der Überlieferung der Entschädigung ist zudem zu berücksichtigen – und das ist für Außenstehende sicher unerwartet –, dass sie bis heute nicht vollständig in den Archiven liegt. Es befinden sich einige der Unterlagen bei den Wiedergutmachungsbehörden, weil die Entschädigungen noch nicht abgeschlossen sind, aber auch weil die (anstehenden oder auch in vereinzelten Fällen überfälligen) Abgaben an die zuständigen Archive noch nicht erfolgt sind. Zudem unterliegt eine Vielzahl der Unterlagen archivischen Schutzfristen, die jedoch für Forschungsvorhaben grundsätzlich verkürzt werden können.

Forschung und Forschungsperspektiven

Diese Ausgangslage hatte Auswirkungen auf die Nutzung der Unterlagen zu Wiedergutmachung und Entschädigung, die erst spät über persönliche Anliegen hinaus eingesehen wurden. So resümierte 2004 Bernhard Grau aus der bayerischen Archivverwaltung: *Entschädigungs- und Rückerstattungsakten werden erst seit kurzem zur Erforschung der Wiedergutmachung und der nationalsozialistischen Verfolgungsmaßnahmen ausgewertet. Ins Blickfeld gerieten zum einen die staatlichen Instanzen, die die Ausplünderung der Verfolgten zu verantworten hatten, und zum anderen die Praxis von Wiedergutmachung und Entschädigung im individuellen Einzelfall.*[23]

Der Befund für den Stand zur Jahrtausendwende wird auch von Seiten der historischen Wissenschaft bestätigt. Schon 2001 bilanzierte Hans Günter Hockerts die Forschung über die Wiedergutmachung in Deutschland von 1945 bis 2000 und kam zu dem Schluss: *So ist nach einem halben Jahrhundert der Zeitpunkt nahegerückt, da die materielle Wiedergutmachung die Sphäre des politischen Handelns und Entscheidens verlässt und in die Sphäre der Geschichte übergeht. Sie verwandelt sich in ein Forschungsfeld der Historiker, auf dem noch viel zu tun ist.*[24] Hockerts benannte als Desiderate der Forschung fünf Punkte – und damit aus heutiger Sicht auch weitere Perspektiven:

1) *Die Geschichte der Wiedergutmachung bietet spezifische Sonden und Indikatoren zur Erforschung der Auseinandersetzung mit dem Nationalsozialismus. Dabei lassen sich vier deutsche*

---

[22] Z. B. im Staatsarchiv Bremen die Bestände 4.54 E (Entschädigungsakten) und 4.54 Ra+Rü (Rückerstattungsakten).

[23] Bernhard *Grau*: Entschädigungs- und Rückerstattungsakten als neue Quelle der Zeitgeschichtsforschung am Beispiel Bayern. In: zeitenblicke 3/2 (2004). https://www.zeitenblicke.de/2004/02/grau/index.html (aufgerufen am 05.05.2022).

[24] Hans Günter *Hockerts*: Wiedergutmachung in Deutschland. Eine historische Bilanz 1945–2000. In: Vierteljahrshefte für Zeitgeschichte, 2/2001. S. 167–214, hier S. 213.

Vergangenheiten – die nationalsozialistische, die in West und Ost geteilte und die vereinte seit 1990 – unter bestimmten Aspekten unterscheiden und verknüpfen.

2) Der Zusammenhang von internationaler Aufmerksamkeit und westdeutscher Wiedergutmachungsbereitschaft ist noch weiter auszuloten, damit die Wirkung des Drucks und der Anstöße von außen, aber auch die Reichweite der deutschen Handlungsspielräume und Eigeninitiativen möglichst präzise bestimmt werden können.

3) Wie die Ost-West-Spannungen und die Konkurrenz der beiden deutschen Staaten den Orientierungsrahmen der Wiedergutmachung beeinflusst haben, bedarf [...] noch detaillierter Studien.

4) Die Umsetzung der abstrakten Idee der Wiedergutmachung in die konkrete Welt des Handelns hing [...] weithin auch vom Tun und Lassen der Sachbearbeiter, Gutachter, Richter, Anwälte usw. [ab; ...].

5) Wir wissen noch nicht viel über die Bedeutung der Wiedergutmachung im Leben der Verfolgten, über ihre Erwartungen, die gehegt, und die Erfahrungen, die gemacht wurden, individuell und kollektiv. Hier liegt ein weites Feld biographischer Forschung.[25]

Gerade der letzte Punkt hat inzwischen eine deutlich höhere Relevanz gewonnen, nicht nur im wissenschaftlichen, sondern auch im familialen Kontext. Die massenhafte Sichtbarmachung von Verfolgungsschicksalen ermöglicht, bisher zu wenig wahrgenommene Schicksale zu erkennen und verschafft diesen Stimmen Gehör. Gerade im Hinblick auf die Opferfamilien sind hier neue Kommunikationskanäle zu den Informationen und in der historisch-politischen Bildungsarbeit zu entwickeln.[26] Aktuelle Akzentuierungen lassen aber auch den vierten Punkt mit dem *Tun und Lassen*, die Frage nach vorhandenen und genutzten oder nicht genutzten Handlungsspielräumen, etwas mehr in das Zentrum des Interesses rücken.[27] Darüber hinaus wären folgende Aspekte zu nennen:

– die lokale Perspektive beim Verfolgungsschicksal und den lokalen Ansätzen von Wiedergutmachung,
– Kollektivbiografien zu Verfolgungsgeschichten,
– Verknüpfungsmöglichkeiten mit Täterbiografien.

Mit dem Fokus auf die Wiedergutmachung als Instrument ergäben sich durch die systematischen Auswertungsmöglichkeiten weitere Optionen für Fragestellungen:

---

[25] Ebd., S. 213.
[26] Vgl. *Wambach*, wie Anm. 5.
[27] In seiner Rede anlässlich der Jahrestagung der Arbeitsgemeinschaft *Orte der Demokratiegeschichte* im Oktober 2021 wies Bundespräsident Frank-Walter Steinmeier mit Blick auf die NS-Zeit auf die *Tatenlosen* hin: *Die Erinnerung an seine Opfer* [des Völkermords an den Juden Europas]*, an Täter und Tatenlose bleibt ein notwendiges Erinnern für unser Land. Hier kann es keinen Schlussstrich geben.* https://www.bundespraesident.de/SharedDocs/Downloads/DE/Reden/2021/10/211008-Orte-der-Demokratiegeschichte.pdf?__blob=publicationFile (aufgerufen am 05.05.2022) S. 2.

- die Wiedergutmachung als Beitrag für die (Re-)Etablierung bzw. Konsolidierung der deutschen Demokratie; die regionalen und lokalen Eliten der Weimarer Republik und die Wiedergutmachung,
- komparatistische Ansätze zur *transitional justice* durch Vergleich mit ähnlichen Prozessen in anderen Regionen,
- die verspätete oder ausgebliebene Wiedergutmachung bei bestimmten Opfergruppen, die nach 1945 weiterhin diskriminiert wurden wie z. B. Sinti und Roma oder Homosexuelle.

Hockerts hat 2013 in einem Überblick zur Wiedergutmachung einen Ausblick gewagt: *In dieser Zeit* [i. e. um das Jahr 2000] *setzte zugleich ein Aufmerksamkeitsschub ein, der das Interesse an der deutschen Wiedergutmachung in einer neuen, paradigmatischen Weise belebte: Sie fand nun Eingang in globale Diskurse über eine „neue internationale Moral", in deren Mittelpunkt die in unterschiedlichen Zusammenhängen brisante Frage nach angemessenen Formen des Umgangs mit historischem Unrecht steht.*[28] Ob und inwieweit die deutsche Wiedergutmachung dafür als Beispiel und Muster gelten kann, darüber kam eine ebenso wichtige wie strittige Debatte in Gang, die bis heute unvermindert anhält.[29] Bestätigt wurden die Desidarate – und die Chancen – auf dem Symposium *Status quo und quo vadis? Neue Forschungen zur Anerkennung und Wiedergutmachung von NS-Unrecht in vergleichender Perspektive* Ende März 2023 in Heidelberg. Mit dem Fokus auf aktuelle Forschungen stellte Joey Rauschenberger einführend die hohe Relevanz der Quellenaufbereitung durch die Archive und deren Zugänglichmachung im Themenportal *Wiedergutmachung* heraus. Constantin Goschler verwies in seiner Keynote *Some reflections on the future of the history of reparations* ausgehend von den in den vergangenen Jahrzehnten vorgelegten Ergebnissen auf die unterschiedlichen Akteure – von Wissenschaft bis zur aktiven Zivilgesellschaft samt den fließenden Übergängen zwischen den Gruppen – und verband das mit der Frage nach einer reflektierten Positionierung der Forschenden. Angesichts der aktuellen Diskussionen sah er die Notwendigkeit, sich mit der Begrifflichkeit *NS-Verfolgung* auseinanderzusetzen; er schlug zudem vor, die möglichen Vergleichssichten von Entschädigung deutlich auszuweiten (z. B. mit Lastenausgleich und Kriegsopferfürsorge), die Entwicklung des Spannungsverhältnisses zwischen Individualisierung und Kollektivierung in der Wiedergutmachung für NS-Opfer zu reflektieren und der Frage nachzugehen, wie sich geleistete oder vorenthaltene Wiedergutmachung in den Biografien der Opfer und ihrer Nachfahren auswirkt.[30] Insofern ist die Frage eines irgendwie gearteten „Erfolgs" oder einer Wirkung von Wiedergutmachung noch nicht beantwortet. Aber es ist

---

[28] Vgl. z. B. Elazar *Barkan*: Völker klagen an. Eine neue internationale Moral. Düsseldorf 2002.
[29] Vgl. *Hockerts*, wie Anm. 2.
[30] Zur Tagung https://www.hsozkult.de/event/id/event-129645; die Beiträge auf Youtube. Vgl. Constantin Goschler: Wiedergutmachung. Westdeutschland und die Verfolgten des Nationalsozialismus 1945–1954. München 1992; Ders.: Schuld und Schulden. Die Politik der Wiedergutmachung für NS-Verfolgte seit 1945. Göttingen 2005; Norbert *Frei*, José *Brunner* und Constantin *Goschler* (Hg.): Die Praxis der Wiedergutmachung, Geschichte, Erfahrung und Wirkung in Deutschland und Israel. Göttingen 2009.

aktuell noch zu ergänzen, dass diese Debatten und alle damit zusammenhängenden Forschungsfragen einer gesicherten und vor allem umfassend zugänglichen Quellenbasis bedürfen.

Perspektiven im Archiv und für Archive

Die grundsätzliche Zusage des BMF zur Transformation der Wiedergutmachung bedeutet die Förderung von Forschung und Erinnerungsarbeit. Das hat für die archivische Datenaufbereitung Konsequenzen, denn die Nachfahren der Opfer und Verfolgten sowie universitär, regional und lokal Forschende müssen in den Stand gesetzt werden, die gerade genannten Punkte angehen zu können. Dafür sind die entsprechenden Erschließungs-/Metadaten zum Archivgut bereitzustellen. Die bisher in den Archiven vorliegenden Informationen zu den Einzelfallakten reichen in der Regel bei weitem nicht aus.[31] Dieses Defizit an Metadaten könnte auch durch eine reine Präsentation von Millionen gescannter Seiten Archivgut im Internet nicht ausgeglichen werden. Abgesehen davon, dass aus Gründen des Persönlichkeitsschutzes eine Onlinestellung in den meisten Fällen aktuell noch nicht möglich ist, bedarf es gerade im Netz strukturierter Zugänge, damit Interessierte erfolgreich fündig werden.

Diese Fragestellungen werden inzwischen von den Landesarchivverwaltungen und dem Bundesarchiv angegangen. Derzeit wird in einer Arbeitsgruppe zusammengestellt, welche Daten im Hinblick auf die Interessen der Zielgruppen im Rahmen von Erschließung und Auswertung in diesem Großprojekt erhoben und bereitgestellt werden sollen. Wichtig werden Herkunftsorte, Verfolgungsorte, Verfolgungstatbestände, Zugehörigkeit zu einer Verfolgtengruppe, handelnde Personen bei der Wiedergutmachung wie Richter und Anwälte; für weitere Verknüpfungen werden hier normierte Daten benötigt.

Gestartet wurde das Großprojekt im Juni 2020 mit einem Piloten im Landesarchiv Baden-Württemberg, Abt. Staatsarchiv Ludwigsburg.[32] Um die großen Mengen von Unterlagen zügig über standardisierte Daten zugänglich machen zu können, wurde dort der Einsatz von Techniken der Künstlichen Intelligenz getestet.[33] Da die Entschädigungsakten stark formalisiert sind und fast immer Fragebögen zur Person mit wesentlichen Informationen enthalten, sollen diese Seiten automatisiert ausgewertet werden. So könnte die Erschließung beschleunigt und archivisch gesehen auch revolutioniert werden, denn auf diese Weise würde das archivische Grundprinzip der

---

[31] Zu Inhalt, Aufbau und Auswertungsmöglichkeiten der Einzelfallakten vgl. Franz-Josef *Ziwes*: Entschädigungsakten/Wiedergutmachungsakten. In: Südwestdeutsche Archivalienkunde, 2017. https://www.leo-bw.de/themenmodul/sudwestdeutsche-archivalienkunde/archivaliengattungen/akten/inhaltliche-unterscheidung/entschadigungs-und-wiedergutmachungsakten (aufgerufen am 05.05.2022).

[32] Vgl. das Webinar von Nastasja *Pilz*: Wieder gut gemacht ist nichts … . Quellen zur Geschichte der Wiedergutmachung im Staatsarchiv Ludwigsburg. https://youtu.be/wSafagm3jcA (aufgerufen am 05.05.2022).

[33] Für eine Vorstellung des Pilotprojekts vgl. https://la-bw.de/de/landesarchiv/projekte/projekt-zur-wiedergutmachung/71002 (aufgerufen am 05.05.2022).

Zugänglichmachung – erst erschließen, dann die zugehörigen Digitalisate erstellen und verknüpfen – für die Tiefenerschließung umgekehrt: Nach einer oberflächlichen Erfassung würde erst digitalisiert, dann erfolgte eine KI-Auswertung und darauf aufbauend bzw. daraus resultierend die tiefere Erschließung oder Auswertung. Die ersten Ergebnisse im Pilotprojekt sind vielversprechend.[34]

Erwartung

Die Transformation der Wiedergutmachung und die Zugänglichmachung von archivischen Quellen zur Aufarbeitung von NS-Unrecht im Themenportal *Wiedergutmachung* sind ein wichtiger Beitrag für die Forschungslandschaft von der *transitional justice* bis zur Demokratiegeschichte Deutschlands. Etabliert wird damit eine *weltweit erreichbare Anlaufstelle für alle wiedergutmachungs- und entschädigungsrechtlichen Themen*.[35] Mit dem Themenportal im Archivportal-D als zentralem Zugangsort entsteht der vermisste *symbolische Ort für die Wiedergutmachung*; für diesen Bereich hat die Zukunft der Vergangenheit begonnen.

---

[34] Vgl. die Präsentationen vom 28. April 2022 im Staatsarchiv Ludwigsburg zu den ersten Ergebnissen: Nastasja *Pilz*: Archivische Herausforderungen; Harald *Sack*: Technisch-wissenschaftliche Herausforderungen. https://www.landesarchiv-bw.de/de/landesarchiv/projekte/projekt-zur-wiedergutmachung/71002 (aufgerufen am 05.05.2022).

[35] *Wambach*, wie Anm. 6.

Aufbau digitaler Infrastrukturen durch die Bürgerforschung: Perspektiven für Geschichtswissenschaft und Archive

Von Thekla Kluttig

Innovative informationstechnische Lösungen sollten in Kooperation zwischen Archiven und Geschichtswissenschaft aktiv und problembewusst gestaltet werden.[1]

So richtig, wie diese Forderung ist, so berechtigt ist es, noch ein drittes Element in die Diskussion einzubringen: das Potential und (in geringerem Umfang) die digitale Infrastruktur der Bürgerforschung.

Historisch ausgerichtete Forschung durch Bürger und Bürgerinnen hat in Deutschland eine lange Tradition: 1852 wurde bereits der Gesamtverein der deutschen Geschichts- und Altertumsvereine e. V. von einigen der größeren deutschen Geschichtsvereine als Dachverband gegründet. Historische Kommissionen, landesgeschichtliche Institute, Arbeitsgemeinschaften und historische Gesellschaften folgten später nach. Heute sind mehr als 200 historische Vereine im Gesamtverein organisiert. Ebenfalls vor über 150 Jahren wurde der HEROLD als Verein für Heraldik, Genealogie und verwandte Wissenschaften zu Berlin gegründet. Er gehört wie weitere rund 70 Vereine der Deutschen Arbeitsgemeinschaft genealogischer Verbände e. V. (DAGV) an.[2]

Neu hingegen ist die Nutzung des Begriffes *Citizen Science* für Aktivitäten der bürgerschaftlichen Forschung. Der Begriff stammt aus der (angloamerikanischen) naturwissenschaftlichen Forschung, bezieht im deutschen Sprachraum aber die Geistes- und Sozialwissenschaften mit ein.[3] Das Bundesministerium für Bildung und Forschung (BMBF) fördert Citizen Science-Aktivitäten u. a. durch den Auf- und Ausbau des Portals *Bürger schaffen Wissen*.[4]

---

[1] Zitat aus dem Abstract zur Sektion auf dem Deutschen Historikertag 2021. https://www.historikertag.de/Muenchen2021/sektionen/deuten-und-streiten-suchen-und-finden-neue-moeglichkeiten-der-kooperation-zwischen-archiven-und-geschichtswissenschaft-beim-aufbau-digitaler-infrastrukturen/ (aufgerufen am 23.10.2022).

[2] Website des Gesamtvereins der Deutschen Geschichts- und Altertumsvereine: www.gesamtverein.de; des HEROLD: https://herold-verein.de/ und zu den Mitgliedsvereinen der DAGV: https://www.dagv.org/?Die_DAGV___Mitgliedsvereine (alle aufgerufen am 20.11.2022).

[3] Siehe hierzu u. a. Thekla *Kluttig*: Die Citizen Science Strategie 2020 für Deutschland und die Archive, Vortrag auf dem Deutschen Archivtag 2016. https://www.vda-blog.de/blog/2016/10/27/die-citizen-science-strategie-2020-fuer-deutschland-und-die-archive/ (aufgerufen am 23.10.2022).

[4] https://www.buergerschaffenwissen.de/ (aufgerufen am 23.10.2022).

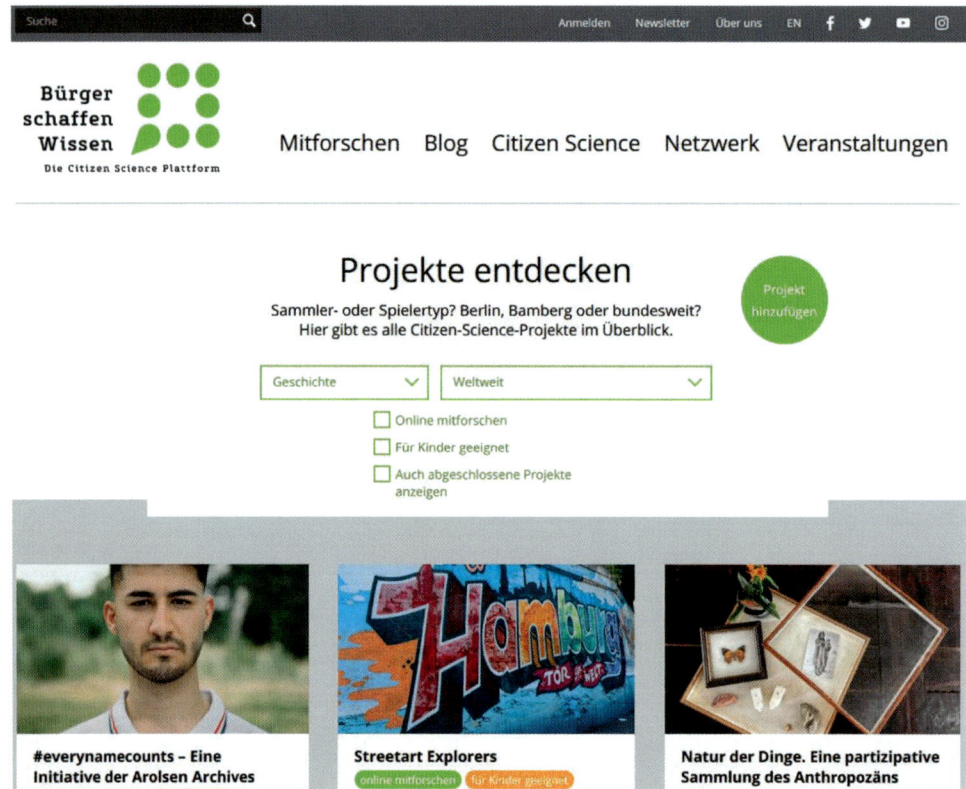

Abb. 1: Screenshot vom Portal *Bürger schaffen Wissen*, Stand: 04.12.2022.

Das BMBF hat bisher zwei dezidiert auf Citizen Science-Projekte ausgerichtete Förderrichtlinien aufgelegt. Die Mehrheit der geförderten Projekte kommt aus der Natur- oder Sozialwissenschaft. Auf der Basis der zweiten Förderrichtlinie ist aber auch ein Projekt zu nennen, das in unserem Kontext interessant ist: Im Verbundprojekt *Gruß & Kuss – Briefe digital. Bürger*innen erhalten Liebesbriefe* arbeiten die Technische Universität Darmstadt, die Universität Koblenz-Landau, die Hochschule Darmstadt sowie die Universitäts- und Landesbibliothek Darmstadt mit Freiwilligen zusammen. Diese untersuchen, lesen, digitalisieren und erforschen zusammen mit einem Team aus der Wissenschaft private Liebesbriefe als bislang schwer zugängliche Quelle der Alltagskultur.[5]

---

[5] Projektbeschreibung unter https://liebesbriefarchiv.de/projekt-gruss-kuss/ (aufgerufen am 23.10.2022).

Das Portal *Bürger schaffen Wissen* bietet Projekten die Möglichkeit, sich dort zu präsentieren und Freiwillige zur Mitarbeit anzuregen. Unter der Rubrik *Geschichte* sind aktuell über 30 Projekte aufgelistet. Hier wie in der Rubrik *Ahnenforschung* finden sich auch Projekte, die in Verbindung mit der organisierten Genealogie stehen. Ein bereits abgeschlossenes Projekt soll im Folgenden kurz vorgestellt werden. Es veranschaulicht die Kooperation zwischen Archiven und genealogisch Forschenden und mögliche Verbindungen zur universitären historischen Wissenschaft.

In dem Projekt ging es um biographische Daten der Leipziger Bevölkerung im 16.–19. Jahrhundert. Beteiligt waren das Sächsische Staatsarchiv, Abteilung Staatsarchiv Leipzig und der Verein für Computergenealogie (CompGen) e.V.[6] Das Staatsarchiv Leipzig archiviert auch die Bestände der Deutschen Zentralstelle für Genealogie (DZfG), darunter die *Kartei Leipziger Familien*, unter Genealogen auch bekannt als die *Moritz-Kartei*.[7] Helga Moritz verkartete seit den 1950er-Jahren in ihrer Freizeit die Tauf- und Traubücher der Leipziger Kirchgemeinden familienweise und ordnete diesen Daten die Eintragungen der Ratsleichen- und Bürgerbücher zu. 1998 wurde die Kartei vom Freistaat Sachsen angekauft. Sie umfasst rund 20.000 Karteikarten, die nach dem phonetischen Alphabet geordnet sind, und enthält biographische Angaben zu den Einwohnern Leipzigs mit ihren Kindern und angeheirateten Personen. Der zeitliche Schwerpunkt erstreckt sich vom 16. bis zur Mitte des 19. Jahrhunderts. Internet und Digitalisierung ermöglichten die Durchführung des Projektes und damit eine erhebliche Verbesserung des Zugriffs auf die vormals nur im Staatsarchiv zu nutzende Kartei: Das Staatsarchiv stellte die Kartei zur Digitalisierung bereit und stand bei Fragen (v. a. für Rückgriffe auf die Konzeptkartei) zur Verfügung, CompGen übernahm die Digitalisierung, stellte die technische Infrastruktur für ein Crowdsourcing-Projekt bereit und warb Freiwillige, die über das von CompGen bereitgestellte Online-Tool DES (Daten-Eingabe-System) die Angaben aus der Kartei transkribierten. Eine Mitgliedschaft bei CompGen war dafür keine Voraussetzung: Der 1989 gegründete Verein für Computergenealogie ist mit rund 4.000 Mitgliedern der größte genealogische Verein in Deutschland, betreibt seine zahlreichen Internet-Angebote und Projekte aber im *open access*.[8]

Die Online-Erfassung der digitalisierten Karteikarten auf der Grundlage einer Erfassungsrichtlinie startete im April 2018.

---

[6] Projektseite bei CompGen: https://wiki.genealogy.net/Kartei_Leipziger_Familien (aufgerufen am 23.10.2022).

[7] Thekla *Kluttig*: Die Deutsche Zentralstelle für Genealogie – Mythos und Realität. In: Archivar 66, Heft 1 (2013) S. 6–12. Online: https://www.archive.nrw.de/landesarchiv-nrw/wir-ueber-uns/der-archivar?year=2013 (aufgerufen am 23.10.2022).

[8] https://www.compgen.de/ (aufgerufen am 23.10.2022).

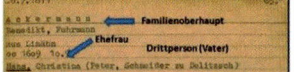

Abb. 2: Screenshot der Erfassungsmaske auf der Projektwebsite von CompGen.

Binnen eines Jahres wurden rund 220.000 Personen-Einträge durch Freiwillige erfasst und nach ihrer Freigabe durch die Projektadministration online auf der CompGen-Website recherchierbar.

Die Daten können projektbezogen durchsucht werden, sind aber auch in die Meta-Suche des Vereins einbezogen. Diese bezieht sich auf die Daten aus allen Erfassungsprojekten. Besonders bemerkenswert sind die Daten aus dem Projekt *Verlustlisten des Ersten Weltkrieges*: Die zuvor nur sehr schwer zu nutzenden Listen wurden von November 2011 bis August 2014 von ehrenamtlichen Datenerfassern und Datenerfasserinnen vollständig indiziert. Über 8,5 Millionen Datensätze wurden auf diese Weise erschlossen. Im Januar 2022 wurde das Projekt zur Erfassung der Österreichisch-Ungarischen Verlustlisten mit über 2,6 Millionen Datensätzen abgeschlossen.[9]

---

9   Projektseite zu den Verlustlisten des Ersten Weltkrieges: https://wiki.genealogy.net/Verlustlisten_Erster_Weltkrieg/Projekt und Meldung des Abschlusses des Projektes zu den Österreichisch-Ungarischen Verlustlisten: https://www.compgen.de/2022/01/erfassung-der-oesterreichisch-ungarische-verlustlisten-abgeschlossen/ (beide aufgerufen am 23. 10. 2022).

Die Nutzung der auf den Comp-Gen-Webseiten nun online verfügbaren Daten ist natürlich für die individuelle genealogische Forschung interessant, aber auch darüber hinaus: Sie können auch für die akademische geschichtswissenschaftliche Forschung fruchtbar gemacht werden. Das Citizen Science-Projekt zu den biographischen Daten der Leipziger Bevölkerung im 16.–19. Jahrhundert weckte das Interesse von Forschern am Lehrstuhl von Georg Fertig, Professur für Wirtschafts- und Sozialgeschichte an der Martin-Luther-Universität Halle/Wittenberg. So legte Moritz Müller in einem Beitrag über *Digitale Bürgerwissenschaft als Beitrag zur urbanen Sozialgeschichte* dar, dass die Einwohnerentwicklung von Städten in der Urbanisierungsphase mit herkömmlichen Möglichkeiten

Abb. 3: Screenshot der Trefferanzeige zu Andreas Dietrich Apel auf der Projektwebsite von CompGen.

kaum zu erfassen war. IT-gestützte Erhebungen des (genealogischen) Quellenmaterials seien nun möglich, allerdings nicht in Einzelarbeit. Dabei könne die Auseinandersetzung mit der sozialen Gliederung Leipzigs im 19. Jahrhundert an Hartmut Zwahrs Studie zur Konstituierung des Leipziger Proletariats aus dem Jahr 1981 anknüpfen.[10]

Georg Fertig berichtete im Mai 2019 auf dem Sächsischen Archivtag über den erfolgreichen Abschluss des Projektes zur *Kartei Leipziger Familien* und thematisierte den Nutzen der Daten auch für die Historische Wissenschaft. Dies vor allem, wenn es gelinge, sie weiter anzureichern und zu präzisieren.[11] Diese Anregung aufgreifend vereinbarten das Sächsische Staatsarchiv, Staatsarchiv Leipzig und CompGen ein Folgeprojekt: Die Erfassung von Daten zu (Leipziger) Testamenten aus dem Zeitraum 1696–1829 verbessert die Datenlage zur Leipziger Bevölkerung in diesem Zeitraum weiter. Die Testamente gehören zum Bestand 20009 Amt Leipzig und wurden –

---

[10] Moritz *Müller*: Time Machine Leipzig. Digitale Bürgerwissenschaft als Beitrag zur urbanen Sozialgeschichte. In: Genealogien. Zwischen populären Praktiken und akademischer Forschung. Hg. von Georg *Fertig* und Sandro *Guzzi Heeb* (Jahrbuch für Geschichte des ländlichen Raumes 18). Innsbruck / Wien 2021. S. 269–273. DOI: https://doi.org/10.25365/rhy-2021-15 (aufgerufen am 20.11.2022).

[11] Katrin *Heil*: Private Familienforschung, Citizen Science und kulturelles Gedächtnis: Das Projekt „Kartei Leipziger Familien". Bericht über den Vortrag von Prof. Dr. Georg Fertig. 2019. https://saechsischer-archivtag.vda-blog.de/2019/05/23/private-familienforschung-citizen-science-und-kulturelles-gedaechtnis-das-projekt-kartei-leipziger-familien/ (aufgerufen am 23.10.2022).

mit einem Gesamtumfang von rund 10 laufenden Metern – noch zeitgenössisch als Amtsbücher formiert. In den 1960er-Jahren wurde zu diesen Amtsbüchern eine handschriftliche Kartei erarbeitet, die die Namen der Testatoren und Testatorinnen bzw. deren Witwen / Witwer und die Fundstellen der Testamente innerhalb der Amtsbuchserie nachweist. Sie besteht aus rund 4.800 handschriftlich erstellten Karteikarten.[12] Weiteres Potential bieten die Daten, die im Projekt *Altes Leipzig* entstanden sind, einer privaten Initiative der Bürgerforschung in Leipzig.[13] Quellen aus dem Stadtarchiv Leipzig kommen hinzu, namentlich die Hauptbücher zum Stadtschuldentilgungsfonds mit Ertragswerten von Grundstücken und Mietpreisen. Durch die Einbeziehung der Infrastrukturen und des Engagements von Bürgerforschern und Bürgerforscherinnen entstehen so Datenbestände, die geschichtswissenschaftliche Auswertungen möglich machen, wie es zuvor nicht oder kaum der Fall war.

Der Nutzen ehrenamtlich aufgebauter digitaler Infrastrukturen für die Geschichtswissenschaft wird auch am Beispiel historischer Ortsdaten deutlich: Jan Michael Goldberg veröffentlichte jüngst einen Beitrag zur Identifizierung von Orten unter Nutzung des von CompGen entwickelten Geschichtlichen Ortsverzeichnisses (GOV). Mit Hilfe der GOV-Daten können historische Ortsangaben aus dem Kontext heraus identifiziert und lokalisiert werden.[14]

Die Entwicklung des Internets und der Digitalisierung eröffnet immer wieder neue Perspektiven für Archive und Geschichtswissenschaft: Die Digitalisierung von Findmitteln und Archivgut verbessert die Zugänglichkeit der vorhandenen Quellen erheblich. Transkription, Indizierung und in zunehmender Qualität auch automatisierte handschriftliche Texterkennung erweitern die Auswertungsmöglichkeiten von Quellen. Vernetzungen und Datenauswertungen werden in zuvor nicht bekannter Weise möglich. Zwingend notwendig bleibt die Quellenkritik, neben der konventionellen nun auch in der neuen Form digitaler Quellenkritik, Stichwort *data literacy*. Auch angesichts stets begrenzter Ressourcen ist eine gute Kooperation zwischen Archiven und Geschichtswissenschaft wichtig. Abhängig vom Forschungsfeld bietet auch die Einbeziehung von Bürgerforschung neue Perspektiven. Wie unterschiedlich diese aussehen kann, verdeutlicht der Beitrag *Perspectives and Challenges of Historical Research with Citizen Participation: A Critical Reflection on the Example of "Cinema in the GDR"* von René Smolarski, Hendrikje Carius und Marcus Plaul in dem jüngst erschienenen Tagungsband zu *Digital History* am Beispiel des Forschungsvorhabens *Kino in der DDR*. Zu Recht wird auch hier darauf hingewiesen, welch essen-

---

[12] Projektseite bei CompGen: https://wiki.genealogy.net/Kartei_Leipziger_Kreisamtstestamente (aufgerufen am 23.10.2022).

[13] www.altes-leipzig.de (aufgerufen am 23.10.2022).

[14] Jan Michael *Goldberg*: Kontextsensitive Entscheidungsfindung zur automatisierten Identifizierung und Clusterung deutschsprachiger Urbanonyme. In: Zeitschrift für digitale Geisteswissenschaften 7 (2022). DOI: 10.17175/2022_005. Siehe hierzu auch den Beitrag von Günter *Junkers* im CompGen-Blog: Wo liegt der Ort? Automatisierte Identifizierung aus dem Zusammenhang. 2022. https://www.compgen.de/2022/10/wo-liegt-der-ort-automatisierte-identifizierung-aus-dem-zusammenhang/ (beide aufgerufen am 06.11.2022).

tielle Bedeutung der Entwicklung von *data literacy*-Kompetenz bei allen Beteiligten an digitaler (Bürger-)Forschung – auch mit Blick auf die *FAIR Data Prinzipien* – zukommt.[15]

Innovative informationstechnische Lösungen sollten in Kooperation zwischen Archiven und Geschichtswissenschaft aktiv und problembewusst gestaltet werden. Nehmen wir noch die Bürgerforschung hinzu und seien wir gespannt darauf, wohin uns die Zusammenarbeit in Zeiten der Digitalisierung noch führen wird. Der Aufbau digitaler Infrastrukturen durch die Bürgerforschung bietet erfreuliche Perspektiven für Geschichtswissenschaft und Archive!

---

15 René *Smolarski*, Hendrikje *Carius* und Marcus *Plaul*: Perspectives and Challenges of Historical Research with Citizen Participation: A Critical Reflection on the Example of "Cinema in the GDR". In: Digital History. Konzepte, Methoden und Kritiken Digitaler Geschichtswissenschaft. Hg. von Karoline Dominika *Döring* u. a. (Studies in Digital History and Hermeneutics 6). München 2022. S. 303–317, hier S. 315. https://doi.org/10.1515/9783110757101 (aufgerufen am 06.11.2022). Als thematisch völlig anderes Beispiel sei das jüngst gestartete Gemeinschaftsprojekt zur digitalen Erschließung der Nordhäuser Siegelsammlung genannt, in dem über 7.000 Objekte bearbeitet werden sollen; dabei wirken u. a. das Historische Institut der Universität Mannheim, das Universitätsarchiv Leipzig, das Stadtarchiv Nordhausen und der Nordhäuser Geschichts- und Altertumsverein e.V. mit: https://siegel.nordhausen.mitteldeutschearchive.de (aufgerufen am 20.11.2022).

HT 2021: Deuten und streiten, suchen und finden: Neue Möglichkeiten der Kooperation zwischen Archiven und Geschichtswissenschaft beim Aufbau digitaler Infrastrukturen[1]

Von Elisabeth Klindworth und Jennifer Meyer

In seiner Begrüßung verortete der Präsident des Landesarchivs Schleswig-Holstein, Rainer Hering (Schleswig), die Sektion zum Thema *Deuten und streiten, suchen und finden* in der langjährigen Tradition einer gemeinsamen Sektion der Archive und der Geschichtsforschung auf dem Deutschen Historikertag, welche eine wertvolle Gelegenheit des Austauschs und der näheren Beleuchtung der Chancen und Herausforderungen bei der Zusammenarbeit bietet. Auch Gerald Maier (Stuttgart), Präsident des Landesarchivs Baden-Württemberg, betonte in seiner Einführung, dass beide Disziplinen eng zusammengehören. Es stehe außer Frage, dass sich die Archive als unverzichtbare Akteure der Forschungsinfrastruktur der Bundesrepublik beim Aufbau der Nationalen Forschungsdateninfrastruktur (NFDI) engagieren. Insbesondere werden sich die Archive im Konsortium NFDI4Memory der Herausforderung widmen, wie Forschungsdaten über die verschiedenen Disziplinen der Kulturinstitutionen (Archive, Museen, Bibliotheken u. a.) hinweg vernetzt und übergreifend auswertbar gemacht werden können. Neue Lösungen für eine innovative Infrastruktur sollten von Archivar*innen, Historiker*innen und Bürgerforscher*innen gemeinsam und problembewusst gestaltet werden. Denn der Aufbau digitaler Infrastrukturen schafft neue Möglichkeiten sowohl für das Suchen und Finden als auch für das Deuten und Streiten. Konflikte bei Interpretationen sollten dabei nicht als Machtkämpfe ausgetragen werden, sondern die historischen Quellen (in den Archiven) als Nachweise in den Fokus nehmen. Archive und Geschichtswissenschaft können gemeinsam zu einer angemessenen Rationalität des Diskurses beitragen.

Peter Haslinger (Marburg) ging in seinem Vortrag auf die Herausforderungen der digitalen Quellenkritik und die Chancen für eine vernetzte Forschungsdateninfrastruktur zwischen Geschichtswissenschaften und Archiven ein. Wichtig sei, so Haslinger, dass die digitalen Möglichkeiten der Technik nicht die Fragestellungen und Methoden der Forschung bestimmen, sondern umgekehrt. Im Rahmen der digitalen Quellenkritik stellen sich Fragen nach Nutzungsverläufen und der Abgrenzung von Einzelquellen, nach Provenienzen und digitalen Objektbiografien.

---

[1] Tagungsbericht, zuerst veröffentlicht bei H-Soz-Kult am 27.11.2021, http://www.hsozkult.de/conferencereport/id/fdkn-127742.

Angesichts der digitalen Materialität von Quellen wird neu diskutiert, was unter Echtheit und Authentizität verstanden werden kann.

In der Erfahrungswelt des Internets und insbesondere der sozialen Medien seien historische Inhalte sehr präsent. Eine Sensibilisierung für die geschichtspolitische Voreingenommenheit der Marktmechanismen unterliegenden Online-Angebote finde jedoch kaum statt. Vor diesem Hintergrund forderte Haslinger, die Vermittlung von medialer Kompetenz und Recherchekompetenz stärker in der Ausbildung von Historiker*innen zu verankern. Es sei Aufgabe der digitalen Quellenkritik, Handlungsempfehlungen zu rechtlichen und forschungsethischen Fragen, insbesondere der Algorithmisierung, zu geben und Datenmodelle zu entwickeln, die auch das Nichtwissen oder Mehrdeutigkeiten darstellen können.

Haslinger plädierte dafür, Kompetenzen und Leistungen im Bereich der digitalen Geschichtswissenschaften in der historischen Forschung und Ausbildung stärker anzuerkennen, beispielsweise im Bereich der Promotionen. Bei der Förderung von Data Literacy und Forschungsdatenmanagement an den historischen Instituten seien die Archive wichtige strategische Partner.

Der zweite Vortrag von Daniel Fähle (Stuttgart) und Harald Sack (Karlsruhe) wechselte zur Perspektive der Archive. Fähle erläuterte, dass es die Hauptaufgabe der Archive ist, die digitale Datengrundlage für die Forschung zu erweitern und eine zeitgemäße Informationsinfrastruktur aufzubauen, welche die Analyse, Anreicherung und Auswertung großer archivischer Datenmengen ermöglicht. Voraussetzung für einen *digitalen Werkzeugkasten* zur Forschung mit Archivgut sei die Umsetzung der inzwischen kanonischen FAIR-Prinzipien für eine adäquate Datenqualität, Interoperabilität und Rechtssicherheit in Bezug auf Nachnutzungsrechte. Um den Einsatz innovativer Forschungsmethoden zu ermöglichen, werden nicht nur Digitalisate, sondern auch durchsuchbare Volltexte benötigt. Darüber hinaus müssen Archivdaten in einem semantischen Datenformat (RDF) angeboten werden. Das Archivportal-D solle zum zentralen NFDI4Memory Data Space werden, an den weitere Services für Historiker*innen über Schnittstellen angebunden werden können. Im Gegenzug müssen Historiker*innen die notwendigen Data Literacy-Fähigkeiten dafür entwickeln.

Sack zeigte im Anschluss anhand von Beispielen auf, wie aus historischen Forschungsdaten Wissen extrahiert und durch Wissensgraphen zugänglich gemacht werden kann. Auf Machine Learning bzw. Deep Learning basierende Verfahren der automatischen Texterkennung und der Bilderkennung werden bereits seit einigen Jahren eingesetzt, um die archivische Erschließung zu erweitern und zu verbessern. Auch wenn noch nicht alle Herausforderungen der Erkennung historischer Handschriften und Gegenstände gelöst sind, bieten diese Verfahren ein sehr großes Potenzial für Archive. Die semantische Analyse und Repräsentation von Archivdaten mittels Ontologien und Wissensgraphen ermöglicht Visualisierungen und die Implementierung einer semantischen, entitätenzentrierten Suche, die auch das „Stöbern" in Datenbeständen und die Anzeige inhaltsbasierter Empfehlungen unterstützt.

Clemens Rehm (Stuttgart) leitete seinen Vortrag mit einer Einordnung der vom Bundesfinanzministerium angestoßenen Transformation der Wiedergutmachung von NS-Unrecht in das weite Umfeld der *transitional justice* ein. Daran anschließend zeichnete er nach, wie die Idee einer Zusammenführung aller Wiedergutmachungsakten und -unterlagen von deutschen Bundes-, Landes- aber auch Kommunalverwaltungen dabei als eine wichtige geschichtspolitische und erinnerungskulturelle Maßnahme entwickelt wurde. Um diesen sachthematischen Zugang zu realisieren, ohne dabei das archivische Provenienzprinzip zu verletzen, setzte sich bei den Besprechungen zwischen dem BMF, dem Bundesarchiv und den Landesarchivverwaltungen eine digitale Lösung mit dem Archivportal-D schnell durch. Nach dem Vorbild des Themenportals *Weimarer Republik* sollen in den kommenden Jahrzehnten digitalisierte Archivalien und Erschließungsinformationen aber auch nicht-archivische Inhalte wie kontextualisierende Hintergrundinformationen in einem Themenportal *Wiedergutmachung* bereitgestellt werden. In seiner Präsentation ging Rehm ebenfalls auf die Herausforderungen des Vorhabens am Beispiel von Entschädigungsverfahren ein. Nicht nur seien solche Akten aufgrund ihrer sehr hohen Anzahl und ihres seriellen Charakters in der Regel nur flach erschlossen, viele seien noch gar nicht von den Entschädigungsbehörden an die zuständigen Archive abgegeben worden. Um den Desideraten der Forschung sowie den Bedürfnissen der Nachfahren der Opfer und Verfolgten gleichermaßen gerecht zu werden, müsse daher die derzeitige Datenaufbereitung verbessert und ergänzt werden, so Rehm. Dazu diene beispielsweise der Einsatz von Techniken der Künstlichen Intelligenz, wie dies gerade in der Abteilung Staatsarchiv Ludwigsburg des Landesarchivs Baden-Württemberg erfolgt.

Daran anschließend gab Tobias Herrmann (Koblenz) Auskunft über den politischen und rechtlichen Rahmen dieses auf Jahrzehnte angelegten Vorhabens sowie auf die diversen Herausforderungen, die aufgrund der Beteiligung zahlreicher Archive und mehrerer Ministerien entstanden. Zu den wichtigsten Aufgaben des Bundesarchivs gehöre vor allem die archivfachliche Begleitung beim Aufbau des Themenportals sowie die Konzeption der technischen Umsetzung. Herrmann unterstrich ferner, das Portal solle weder als historische Darstellung fungieren noch Meistererzählungen liefern, sondern dazu dienen, archivische Quellen zur eigenen Auswertung zugänglich zu machen, Recherchen zu erleichtern und Hintergrundinformationen zum historischen Kontext, zum Archivgut selbst, aber auch zu dessen aufbewahrenden Institutionen zu bieten.

Im zweiten Teil des Vortrages stellte Mirjam Sprau (Koblenz) dar, inwieweit das Vorhaben an einem vorigen DFG-Projekt zum Aufbau von sachthematischen Infrastrukturen im Archivportal-D anschließt, im Rahmen dessen das Themenportal *Weimarer Republik* entstand. Beispielhaft zeigte Sprau die geographische und sachthematische Suche des Portals, die durch die Verschlagwortung der Archivalien ermöglicht wurde. Die Vergabe von Schlagwörtern mit einem vom FIZ Karlsruhe entwickelten Tool sei eine eigenständige archivische Arbeitsweise, zusätzlich zur Erschließung, gewesen und orientierte sich am kontrollierten Vokabular der GND. Anschließend zeigte Sprau wichtige Unterschiede zwischen den beiden Portalen und arbeitete die Herausforderungen für die Projektpartner heraus. Diese bestehen vor allem in der deutlich größeren Menge des zu bearbeitenden und bereitzustellenden Archivguts, den noch laufenden Erschließungsarbeiten sowie dem Schwerpunkt auf personenbezogenen Unterlagen. Eine besondere konzeptionelle Schwierigkeit liege schließlich im doppelten Ansatz, mit dem Themenportal zugleich die Recherche und Bereitstellung von Archivgut zu vereinfachen aber auch die historische Diskussion über die Wiedergutmachung insgesamt zu ermöglichen.

Abschließend beleuchtete Thekla Kluttig (Leipzig) das Potenzial der Bürgerforschung – auch Citizen Science genannt – für die Archive und die (Geschichts-)Wissenschaft, zu der sie neben den klassischen Geschichts- und genealogischen Vereinen zahlreiche, unter dem Begriff „individuelle" Forschung gefasste Initiativen rechnet. Nach einer kurzen Vorstellung der vom Bundesministerium für Bildung und Forschung geförderten Plattform *Bürger schafft Wissen* zeigte Kluttig die Chancen von Crowdsourcing-Projekten am Beispiel der Kooperation zwischen dem Sächsischen Staatsarchiv und dem Verein für Computergenealogie e. V. (CompGen) zur Digitalisierung und Online-Erfassung der sog. *Kartei Leipziger Familien*, die biographische Daten zu rund 220.000 Leipziger Einwohner*innen vom 16. bis Mitte des 19. Jahrhunderts enthält, auf. Trotz schwieriger Planbarkeit solle die Bürgerforschung mehr miteinbezogen werden, so Kluttig, da sie zur Verbesserung der Zugänglichkeit und der Auswertbarkeit von Quellen beitrage.

Die Vorträge boten zahlreiche Anknüpfungspunkte für die anschließende, durch Rainer Hering moderierte Diskussion. Eine zentrale Frage war, an welcher Stelle die notwendigen Data Literacy-Kompetenzen in der Ausbildung der Historiker*innen untergebracht werden sollten. Haslinger führte aus, dass hierfür ein eigenes didaktisches Konzept benötigt werde, welches die gemeinsame Auswertung von analogen und digitalen Quellen lehrt. Hilfreich sei es, wenn neben den Hochschulen auch die Archive entsprechende Seminare und Hospitanzmöglichkeiten anböten.

Die Frage nach den benötigten Kompetenzen ist eng verknüpft mit der Frage, wie digitale Archivalien zugänglich gemacht werden können und in welcher Form sie genutzt werden sollen. Technische Lösungen für den Access-Bereich zu entwickeln, sei eine Aufgabe der Archivar*innen, erklärte Gerald Maier. Diese forderte er aber dazu auf, die Gesellschaft dabei einzubeziehen. Ein Ergebnis der Diskussion war, dass eine enge Zusammenarbeit im Bereich der Standardisierung und ein Dialog über die Frage nach der Authentizität von historischen Quellen in hohem Maße wünschenswert sind.

Aufgrund der Kürze der Zeit konnten nicht alle Fragen abschließend diskutiert werden. Dies ist ein deutliches Zeichen dafür, dass der fruchtbare Austausch zwischen Archiven und Geschichtswissenschaft kontinuierlich gepflegt werden sollte.

Sektionsübersicht:

Sektionsleitung: Rainer Hering (Schleswig) / Gerald Maier (Stuttgart)
Peter Haslinger (Marburg): Die Herausforderung der digitalen Quellenkritik und Chancen für
　vernetzte Forschungsdateninfrastrukturen zwischen Geschichtswissenschaften und Archiven
Daniel Fähle (Stuttgart) / Harald Sack (Karlsruhe): Perspektive *digitaler Werkzeugkasten* für
　historische Forschung mit Archivgut
Mirjam Sprau (Koblenz), Tobias Herrmann (Koblenz) und Clemens Rehm (Stuttgart): Themencluster *Wiedergutmachung* und Archivportal-D
Thekla Kluttig (Leipzig): Aufbau digitaler Infrastrukturen durch die Bürgerforschung: Perspektiven für Geschichtswissenschaft und Archive

Autorinnen und Autoren

Daniel Fähle M. A.
　Leiter des Referats IT und digitale Dienste
　Landesarchiv Baden-Württemberg
　Zentrale Dienste
　Urbanstraße 31 A, 70182 Stuttgart
　www.landesarchiv-bw.de

Prof. Dr. Peter Haslinger
　Direktor des Herder-Instituts für historische Ostmitteleuropaforschung
　Herder-Instituts für historische Ostmitteleuropaforschung –
　Institut der Leibniz-Gemeinschaft
　Gisonenweg 5-7, 35037 Marburg
　www.herder-institut.de

Prof. Dr. Dr. Rainer Hering
　Leiter des Landesarchivs Schleswig-Holstein
　Landesarchiv Schleswig-Holstein
　Prinzenpalais, 24837 Schleswig
　www.schleswig-holstein.de/landesarchiv

Dr. Tobias Herrmann
　Leiter des Referats GW 1 (Archivpolitische Grundsatzangelegenheiten,
　Strategische Planung und Leitungsunterstützung, Internationale Beziehungen, Controlling)
　Bundesarchiv
　Potsdamer Str. 1, 56075 Koblenz
　www.bundesarchiv.de

Elisabeth Klindworth
　Archiv der Max-Planck-Gesellschaft zur Förderung der Wissenschaften e.V.
　Bereich digitale Langzeitarchivierung
　Boltzmannstraße 14, 14195 Berlin-Dahlem
　www.archiv-berlin.mpg.de

Dr. Thekla Kluttig
　Leiterin des Staatsarchivs Leipzig
　Sächsisches Staatsarchiv, Staatsarchiv Leipzig
　Schongauerstraße 1, 04328 Leipzig
　www.staatsarchiv.sachsen.de

Prof. Dr. Gerald Maier
   Präsident des Landesarchivs Baden-Württemberg
   Landesarchiv Baden-Württemberg
   Urbanstraße 31 A, 70182 Stuttgart
   www.landesarchiv-bw.de

Dr. Jennifer Meyer
   Landesarchiv Baden-Württemberg
   Archivischer Grundsatz
   Urbanstraße 31 A, 70182 Stuttgart
   www.landesarchiv-bw.de

Dr. Clemens Rehm
   Stellvertretender Präsident des Landesarchivs Baden-Württemberg und Abteilungsleiter
   Landesarchiv Baden-Württemberg
   Archivischer Grundsatz
   Urbanstraße 31 A, 70182 Stuttgart
   www.landesarchiv-bw.de

Prof. Dr. Harald Sack
   Bereichsleiter Information Service Engineering
   FIZ Karlsruhe – Leibniz-Institut für Informationsinfrastruktur GmbH
   Hermann-von-Helmholtz-Platz 1, 76344 Eggenstein-Leopoldshafen
   www.fiz-karlsruhe.de

Dr. Mirjam Sprau
   Komm. Leiterin des Referats GW 3 (Themenportale im Archivportal-D,
   Einsatz von Normdaten, Wissenschaftliche Publikationen, Forschungsangelegenheiten,
   Fachmagazin „Forum")
   Bundesarchiv
   Potsdamer Str. 1, 56075 Koblenz
   www.bundesarchiv.de